Albert Biesinger / Edeltraud und Ralf Gaus
Warum müssen wir sterben?

WENN KINDER MEHR

WISSEN WOLLEN

Albert Biesinger
Edeltraud und Ralf Gaus

# Warum müssen wir sterben?

FREIBURG · BASEL · WIEN

Die Ständige Kommission für die Herausgabe der gemeinsamen liturgischen Bücher im deutschen Sprachgebiet erteilte für die aus diesen Büchern entnommenen Texte die Abdruckerlaubnis. Die darin enthaltenen biblischen Texte sind Bestandteil der von den Bischofskonferenzen des deutschen Sprachgebietes approbierten Einheitsübersetzung der Hl. Schrift.

Die Bibelzitate sind entnommen der
Einheitsübersetzung der Heiligen Schrift
© 1980 Katholische Bibelanstalt, Stuttgart

© Verlag Herder GmbH, Freiburg im Breisgau 2008
Alle Rechte vorbehalten
www.herder.de

Gesamtgestaltung:
Weiß-Freiburg GmbH, Graphik & Buchgestaltung
Umschlagmotiv: © gettyimages (smari)
Fotos im Innenteil:
© photocase.com: 6 bit.it, 20/21 serial, 32/33 crocodile,
42/43 almogon, 54/55 spacejunkie, 70/71 le_bod
© Fotolia: 10–11 letzelnet

Herstellung: fgb · freiburger graphische betriebe
www.fgb.de

Gedruckt auf umweltfreundlichem,
chlorfrei gebleichtem Papier
Printed in Germany
ISBN 978-3-451-32176-4

Inhalt

**Vorwort** ............................................. 7

**1. Vom In-die Welt-Kommen, Leben und Sterben** .. 8
*Albert Biesinger*

**2. Vom Sterben und Abschiednehmen** ........... 20
*Albert Biesinger*

**3. Von der Seele, dem toten Körper
und dem Leben nach dem Tod** .................. 32
*Edeltraud Gaus*

**4. Von Himmel, Hölle und Fegefeuer** ............. 42
*Ralf Gaus*

**5. Von Vorstellungen über den Tod und dem
Umgang mit Trauer** ............................ 54
*Edeltraud Gaus*

**6. Von der Beerdigung und von Ritualen** ......... 70
*Ralf Gaus*

**7. Vom Salben der Kranken und Sterbenden** ..... 82
*Albert Biesinger*

**Buchtipps** ......................................... 96

## Vorwort

Wer es bei der Erziehung mit Kindern gut meint, kommt um die existentiellen Probleme von Leben, Sterben und Tod nicht herum.

Im Gespräch mit Kindern sind wir auf dem Weg, die großen Voraussetzungen für unser Leben zu entdecken. Leid und Trauer auszugrenzen ist Kindern gegenüber jedoch nicht angebracht. Gemeinsam lernen wir, angesichts der konkreten Situationen mit diesen Herausforderungen umzugehen. Und oft sind die Kinderfragen ja auch die Fragen von uns Erwachsenen.

Diesen Band widmen wir Ihnen und den Ihnen anvertrauten Kindern. Als Orientierungs- und Begleitbuch eignet er sich das ganze Jahr über, aber gerade auch in Situationen, wenn nahe Angehörige, Nachbarn und Freunde sterben.

*Tübingen, Ostern 2008*

*Albert Biesinger*
*Edeltraud und Ralf Gaus*

# 1. Vom In-die-Welt-Kommen, Leben und Sterben

*Albert Biesinger*

**Warum kommt man überhaupt auf die Welt, wenn man eh wieder sterben muss?** Mama, alle Menschen müssen sterben, aber Papa und du und ich bleiben immer hier. **Will Gott, dass ich sterbe? Ich will immer brav sein, damit Mama nicht sterben muss!** Warum können wir den Tod nicht verhindern?

### Das wissen wir dazu

Wir müssen sterben, weil wir in eine Welt hineingeboren werden, die aus Materie besteht und die sterblich ist. Pflanzen und Tiere haben ein Ende, und auch wir Menschen sind bereits ab dem Zeitpunkt unserer Geburt auf den Tod hin programmiert: Jeden Tag sterben in uns Zellen ab und neue Zellen bilden sich, die später wiederum absterben.

Wer in dieser stoffgebundenen Welt ins Leben kommt, geht diesen Weg. Man kann sich natürlich fragen, ob es sich dann lohnt, überhaupt geboren zu werden. Aber danach werden wir nicht gefragt. Meine Eltern konnten mich nicht fragen, ob ich in diese Welt kommen möchte. Sie wurden von ihren Eltern auch nicht gefragt und konnten auch nicht gefragt werden. So bleibt unsere Entstehung immer ein Geheimnis, unverfügbar. Am Anfang unseres Lebens sind immer ein Vater und eine Mutter, die uns ins Leben rufen. Sie wissen nicht, wer wir als ihre Kinder sein werden und wie wir uns entwickeln. Auch für sie bleibt unser Leben ein geheimnisvoller Anfang.

Will man dem eigenen Sterben und Tod entgehen, dürfte man gar nicht in diese Welt kommen. Ohne Sterben und Tod geht Leben nicht.

Wenn man sich vorstellt, dass wir Menschen für ewig hier auf dieser Erde leben und bleiben – undenkbar und möglicherweise auch nicht wünschenswert. – Oder doch?

Die Sehnsucht nach Ewigkeit und die Idee, dass mit dem Tod nicht alles aus sein kann, die Sehnsucht nach einem Leben für immer, ist tief in uns eingeschrieben. Viele Kinder fragen, warum man überhaupt auf die Welt kommt, wenn man doch sowieso wieder sterben muss. Dies ist der Kern der Frage nach Leben und Tod. Der christliche Glaube gibt uns darauf Antworten:

- Wir kommen in diese Welt, weil Gott wollte, dass wir in diese Welt kommen.
- Wir kommen auf diese Welt, weil wir von Gott eine Aufgabe für unser Leben bekommen haben, die wir Schritt für Schritt entdecken können.
- Wir kommen in diese Welt, weil Gott mit jedem neuen Menschen seine Liebesgeschichte mit dem Universum und der Menschheit weiter schreibt und gestaltet.
- Wir kommen auf diese Welt, damit wir als Person, als einzigartiger Mensch, Gott ein Gegenüber sind und wir uns auf die Beziehung mit ihm einlassen können.

Deswegen ist es interessant, den Hinübergang aus diesem Leben in das Leben nach dem Tod einmal aus einer anderen Perspektive zu betrachten: So sagte mir ein weiser alter Mönch auf dem Berg Athos: «Ich werde nicht mehr lange auf dieser Erde leben. Meine Schwangerschaft für meine Geburt hinein in den Himmel ist bald zu Ende.»

Wenn wir unser jetziges Leben als «Schwangerschaft» für unser zukünftiges Leben verstehen, den Tod als Bruder und Schwester annehmen, die uns wie Geburtshelfer hinüber begleiten in die ewige Beziehung mit Gott, gewinnen Sterben und Tod eine neue Bedeutung.

Kinder – das kann man anhand ihrer Äußerungen gut belegen – gehen davon aus, dass andere Menschen zwar sterben, Papa und Mama aber nie. Wenn jemand in der Familie überhaupt einmal stirbt, dann ist dies vielleicht der Opa oder die Oma. Das Kind glaubt, dass es selbst nicht stirbt. Diese Vorstellung muss man Kindern nicht nehmen; sie lernen ja im Laufe des Lebens dazu und verändern selbst Schritt für Schritt ihre Auffassung von Sterben und Tod.

Für Kinder ist es wichtig, immer beieinander bleiben zu dürfen. Wenn man ihnen sagt, dass sie den verstorbenen Opa im Himmel wiedersehen und ihm begegnen, ist das für sie der eigentliche Trost. Kinder haben erstaunliche Vorstellungskraft und bleiben mit den verstorbenen Angehörigen oft unbeschwerter verbunden als die Erwachsenen.

Die Antwort auf die Frage, ob Gott will, dass wir sterben, ist von der Wahrnehmung der Realität abhängig. Gottes Schöpfung ist eindeutig so strukturiert, dass alles, was ins Leben kommt, auch den Tod erlebt. Pflanzen, Tiere, auch ganze Landschaften sterben. Werden und Vergehen ist ein inneres Prinzip der Evolution, nach dem Gott das Universum und damit auch unsere Erde, unsere Umgebung, unser eigenes Leben geschaffen hat.

Um das Faktum des Sterbens und die Frage, was von uns bleibt, kommen wir nicht herum. Sie ist im Christentum eindeutig beantwortet: Ihr werdet über den Tod hinaus leben. Seid ohne Sorge. Gott rettet euch aus dem Tod – so wie er seinen Sohn Jesus Christus gerettet hat. Gott hat uns so erschaffen, dass wir durch den Tod hindurchgehen müssen; der Tod ist aber für Menschen Verwandlung und neues ewiges Leben mit ihm – in anderer Weise, als dies auf dieser Erde für uns möglich ist.

Gott will dass ich lebe. Nicht nur auf dieser Erde, sondern für immer bei ihm, in seiner Nähe in der göttlichen Welt. Um ewig mit Gott leben zu können, müssen wir auf dieser Erde sterben. Hier können wir nicht ewig bleiben.

Aus vielen Kinderinterviews erfährt man, dass Kinder sich nicht vorstellen können, selbst zu sterben.

Aber das müssen sie auch nicht können. Sie sind ja erst ins Leben gekommen und merken, wie sie immer mehr können und immer größer werden. Sie sind im Wachstum ihrer Persönlichkeit. Man muss sie nicht dauernd an das Sterben erinnern. Das kommt ihnen ohnehin jeden Tag über weltweite und nahe Konflikte ins Bewusstsein.

Auch wir Erwachsenen tun gut daran, nicht jeden Tag auf den Tod fixiert zu leben, sondern uns vielmehr dem jetzigen Leben zu öffnen. Unser Leben bekommt, wenn wir es schätzen und würdigen, gerade angesichts des Todes eine neue Qualität: Wir können dem Leben nicht mehr Tage, aber wir können den Tagen mehr Leben geben.

### Das sollen Kinder verstehen

Es ist und bleibt ein Geheimnis, warum wir wann und wo in diese Welt kommen und Mensch werden. Unsere Eltern sind unsere Wegbegleiter ins Leben, aber auch sie brauchten Begleiter und Begleiterinnen, um selbst ins Leben zu kommen.
Um dieses Geheimnis zu verstehen und nachzuvollziehen, brauchen wir ein ganzes Leben – und das Sterben.
Wir sind eingeschrieben in die Hand Gottes, haben also unsere tiefsten Wurzeln nicht nur in unseren Eltern- und Großeltern, sondern letztlich in Gott selbst. Dies gibt uns eine tiefgründige Geborgenheit und Beheimatung.
Schritt für Schritt sollen Kinder verstehen, dass zu unserem Leben auf dieser Erde das Sterben unbedingt dazugehört und dass wir uns damit zu beschäftigen haben.

### Das hat mit uns zu tun

In unserer näheren oder weiteren Umgebung sterben Menschen. Es gehört zu einem verantwortlichen und bewussten Leben, sich damit auseinanderzusetzen und dies nicht zu verdrängen. Der im Christentum verwurzelte Glaube daran, dass der Tod die Verwandlung hinein in das ewige Leben mit Gott ist, kann bei Kindern Ängste abbauen, die sie sonst möglicherweise beeinträchtigen.

Wichtig ist, dass ein sensibler Prozess der Auseinandersetzung stattfindet: Keine schockierenden Bilder, in der Sprache vorsichtig Hoffnung weckend.
Wenn etwas auf dieser Welt mit uns zu tun hat, dann die Tatsache, dass wir nur eine begrenzte Zeit auf dieser Erde sind, dass wir uns zu überlegen haben, welche Aufgabe und welchen Platz wir während unserer Erdenzeit in dieser konkreten Region mit diesen konkreten Menschen haben.

### Das können wir tun
Wenn Bilder oder Situationen von Sterben und Tod im Umfeld der Familien auftauchen – über Medien, Sterbefälle in der näheren Umgebung, in der Schule oder in der Gemeinde –, ist dies der eigentliche Zeitpunkt des Gesprächs und des Austauschs miteinander.
Dieses Thema bewusst an Kinder heranzutragen ist unnötig. Sie verstehen in konkreten Anlässen, um die man sowieso nicht herumkommt, erheblich mehr. Es zu verdrängen und dem Kinde zu sagen: «Das ist nicht so wichtig. Darüber sprechen wir, wenn du groß bist», wäre falsch. Das Kind braucht jetzt eine Antwort und eine Perspektive! Das Kinderbuch von Jutta Bauer «Opas Engel» (Hamburg 2001) ist eine gute Möglichkeit darüber zu sprechen. Darin erzählt der Großvater dem Enkel seine Lebensgeschichte. In gefühlvollen Illustrationen erkennt man, wie Opas Schutzengel ihn dabei beschützt hat und wie dieser nach dem Tod des Großvaters nun den Jungen begleitet. Dieses Buch hilft, die Erfahrungen mit Krankheit, Sterben und Tod zu thematisieren.

## Das sollten Sie vermeiden!

Petra Hinderer und Martina Kroth haben konkrete Hinweise erarbeitet: Leider greifen wir in unserer Unsicherheit oder Überforderung und manchmal sogar aus guten Absichten oft auf Sätze zurück, die der Trauer unseres Gegenübers nicht gerecht werden. Solche Äußerungen sollten Sie vermeiden, weil sie

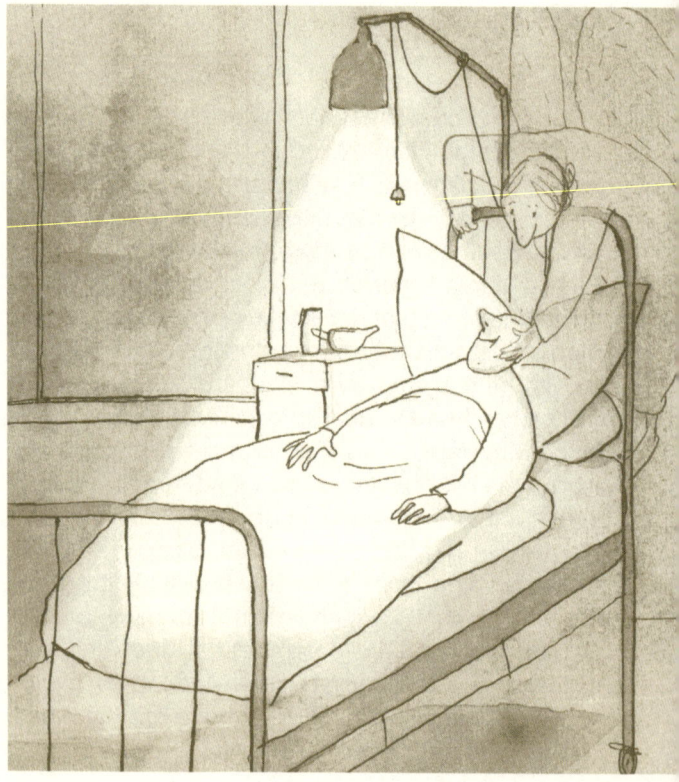

Aus: Jutta Bauer, Opas Engel © Carlsen Verlag GmbH, Hamburg 2001

den Betroffenen in dem Gefühl zurücklassen, überhaupt nicht verstanden zu werden.
Auf keinen Fall sollten Sie
*vertrösten:* «Das wird schon wieder»; «Du bist ja noch jung»; «Vielleicht bekommst du ja noch ein Geschwisterchen» ...
*keine Resonanz zeigen:* «Indianer weinen nicht»; «Dei-

ne Mutter würde nicht wollen, dass du ständig so traurig bist» ...
*verkleinern:* «Das ist doch schon so lange her»; «So schlimm ist das doch gar nicht»; «Dem Opa geht es da, wo er jetzt ist, viel besser» ...

Versuchen Sie stattdessen, die Trauer Ihres Gegenübers immer ernst zu nehmen. Geben Sie ihm Gelegenheit, diese Trauer auszudrücken, oder hören Sie einfach nur zu. Sagen Sie lieber etwas über sich selbst als über den anderen. Versuchen Sie nicht, jemanden zu trösten, für den es momentan keinen Trost gibt.
Sagen Sie z. B.: «Ich weiß gar nicht, was ich sagen soll, ich hab' selber einen richtigen Kloß im Hals»; «Ich kann mir nicht annähernd vorstellen, wie es dir geht, aber es muss schrecklich sein»;
«Ich kann mir nicht vorstellen, dass es für dich Trost gibt, aber wenn du möchtest, kannst du ein bisschen auf meinen Schoß kommen.» (wenn Sie selbst den Impuls haben!); «Das finde ich furchtbar traurig; sicher kann keiner deine Schwester ersetzen.»
Scheuen Sie sich nicht, die Gefühle des trauernden Kindes (und auch eines Erwachsenen) zu bestätigen – auch in drastischen Worten. Vergleichen Sie den seelischen Schmerz mit der Vorstellung körperlicher Verluste dieser Größenordnung. Dann sind Sie schnell bei Begriffen, die den Betroffenen eher da abholen, wo er steht, z. B.: «Das muss ja so weh tun, als hätte man ein Stück von dir selber abgeschnitten.» ...
Kinder brauchen in der Zeit der Trauer viel Aufmerksamkeit, um gesunde Trauerarbeit leisten und sich ihrem eigenen Leben wieder zuwenden zu können.

Sie sollten Kummer und Trauer mit den Angehörigen teilen dürfen. Wenn Kinder isoliert werden, weil sie für zu klein gehalten werden, ist das sehr viel schlimmer für sie als die zu ertragende Trauer. Sie dürfen aber auch nicht zum «Dauertrauern» angehalten werden – das würde ihnen nicht entsprechen. Es ist normal, den Verstorbenen auch mal zu vergessen oder dessen Sachen beiläufig zu benutzen.

Kinder sind vollständig abhängig von den Erwachsenen, die sich ihnen zuwenden, ihnen Zusammenhänge erklären und Handlungswege eröffnen. Wie Kinder mit ihrer Trauer fertig werden, hängt neben ihrer Persönlichkeit vor allem auch vom Umgang der Eltern, ErzieherInnen, LehrerInnen und des gesamten sozialen Umfeldes mit dem Verlust ab. Daher sind Kinder bei einem schweren Verlust in der eigenen Familie oft mehrfach verlassen: Die selbst trauernden Erwachsenen sind oft gar nicht oder nicht genügend in der Lage, neben ihrer eigenen Trauer die Ängste, Fragen und Schuldgefühle der Kinder wahrzunehmen.

Aus: Petra Hinderer / Martina Kroth
Kinder bei Tod und Trauer begleiten,
ISBN 978-3-936286-72-4, 1. Auflage,
Jahrgang 2005, Ökotopia Verlag, Münster.

# 2. Vom Sterben und Abschiednehmen

*Albert Biesinger*

Vom Sterben und Abschiednehmen

**Was passiert beim Sterben? Wie kann es sein, dass der Opa im Grab ist und trotzdem weiterlebt? Ist wirklich alles zu Ende, wenn wir tot sind? Mama, darf ich dabeibleiben, wenn Oma jetzt vielleicht stirbt?**

### Das wissen wir dazu

Medizinisch wird Sterben heute anders verstanden als noch vor einigen Jahren. Während früher von einem vollständigen Zusammenbruch aller lebenswichtigen Funktionen («Nekrose») ausgegangen wurde, fasst man Sterben gegenwärtig als programmierten Zelltod auf («Apoptose»). Zellen töten sich selbst und stecken Nachbarzellen an.

Wenn der Tod ein biologisches Programm und nicht einfach ein Zerfall ist, dann verändert sich auch die religiöse Deutung: Unserem Leben ist vom Schöpfer das Programm zum Sterben bereits mitgegeben worden.

In den letzten beiden Jahrhunderten ist das Durchschnittsalter und auch das Gesundheitsniveau der Bevölkerung angestiegen. Dies wird vermutlich so weitergehen, wenn Krieg, Seuchen und Hunger eingedämmt werden und sich ein entsprechender Lebens- und Ernährungsstil durchsetzen kann. Dennoch bleibt unveränderlich: Unser Leben ist darauf programmiert, einmal zu sterben.

Mit Ausnahme von schweren Unfällen, plötzlichem Herzversagen oder Embolien sind es meist langwierige Krankheiten oder das Alter, in denen Menschen im Auf und Ab der Gefühle Schritt für Schritt ihrem Lebensende entgegen gehen.

Es ist möglich, den Tod zu verdrängen – zumindest eine bestimmte Zeit lang. Von vielen Krebskranken hört man, dass sie durch intensives Bewusstseinstraining und durch den starken «Kampf gegen die Krankheit» zumindest ihr Leben verlängert zu haben glauben.

Am Ende wird uns unser Leben aus der Hand genommen – ob wir die Sterbestunden (noch) bewusst erleben oder nicht. Jeder Mensch stirbt seinen eigenen Tod. Er wird und kann dabei durch niemanden vertreten werden.

### Was passiert beim Sterben?

Aus medizinischer Sicht ist es deutlich beschreibbar, was beim Sterben passiert: Zum Beispiel sind keine Gehirnströme mehr festzustellen und das Herz steht still. Ein wichtiges Organ – Herz, Leber, Niere, Lunge usw. – versagt seine Funktion. Die Medizin hat in ihrer Diagnostik Fortschritte gemacht; vor noch nicht allzu langer Zeit hat man die Toten auch deswegen nicht gleich beerdigt, weil man sich manchmal nicht sicher sein konnte, ob sie tot oder nur «scheintot» sind.

Dass im Christentum – anders als im Judentum und im Islam, wo man den toten Körper noch am selben Tag bestattet – der Leichnam in der Regel erst am dritten Tag beerdigt wird, hängt mit der Parallele zum gekreuzigten Jesus zusammen, der von sich gesagt

## Vom Sterben und Abschiednehmen

hat, dass er am dritten Tage auferweckt werde. In vielen Zusammenhängen ist es heute allerdings eher eine Frage der Organisation, wann, wie, wo und mit wem eine Begräbnisfeier stattfinden kann.

Der tote Körper beginnt sich rasch zu verändern. Vor einiger Zeit saß ich am Sterbebett eines jungen Mannes und betete mit ihm ein letztes Vaterunser. Er faltete die Hände und betete noch mit. Eine Stunde später ging seine Atmung sehr unregelmäßig, setzte aus, nach kurzer Zeit setzte sie wieder ein und blieb dann länger aus, bis seine irdische Lebenskraft zu Ende ging: Er starb.

Nach einer Weile wurde sein Körper kühler. Aber immerhin konnte ich noch eine Stunde später, als ich ihm ein Kreuz auf die Stirn zeichnete, noch etwas von seiner Körperwärme spüren. Seine Angehörigen und Kinder ebenso. Bald danach aber wurde das Gesicht fahl und blass, und langsam trat die Totenstarre ein.

Oft binden die Pflegerinnen oder Pfleger ein Tuch um den Kopf, damit der Mund später geschlossen bleibt. Auch die Hände werden, nachdem der tote Körper noch einmal gewaschen wurde, möglichst früh gefaltet. Eine geradezu geheimnisvolle Stille verbreitet sich um den Verstorbenen.

Sterben ist und bleibt, ebenso wie das Geborenwerden, ein Geheimnis. Werden und Vergehen sind ineinander verschränkt und eine wichtige Konstante unseres Menschseins. Umso wichtiger ist es, das Sterben nicht zu tabuisieren und nicht zu viele Ängste davor zu entwickeln.

Kinder sollten mit nahen Angehörigen, die sterben, in einem ganz normalen Kontakt bleiben dürfen. Sie sorgen dann schon für sich und reagieren selbständig, wenn es ihnen zuviel wird und sie hinausgehen wollen.

Ich selbst durfte als Zehnjähriger in der Nacht, als meine Großmutter starb, an ihrem Sterbebett mit ihr und für sie beten. Nie werde ich diese Erfahrung vergessen. Am folgenden Tag, als wir Kinder von der Schule heimkamen, war sie im Wohnzimmer im Sarg aufgebahrt. Wir standen mit großen Augen vor unserer Oma im Sarg. Es war meine erste hautnahe Begegnung mit Sterben und Tod, die mir bis heute ein Schlüssel für Werden und Vergehen ist. Aber auch eine Erfahrung, die mir die Angst vor diesen Situationen genommen hat.

Am Abend dieses Tages habe ich lange, stundenlang zu Gott gebetet: «Lieber Gott, ich weiß zwar, dass das nicht geht, aber bei meiner Oma könntest du doch mal eine Ausnahme machen. Sie soll wieder aus dem Sarg herauskommen und mit uns zu Abend essen.»

Am anderen Morgen lag meine Großmutter immer noch im Sarg und ich kam in die größte Gotteskrise meiner Kindheit: Gegen den Tod hilft auch Beten nicht. Ich habe begriffen, dass Gott nicht verhindert, dass wir sterben. Aber er gibt uns Hoffnung, dass der Tod Verwandlung in ein neues Leben hinein ist.

Kinder gehen früher oder später durch diese «Gotteskrise» hindurch. Sie dabei zu begleiten setzt voraus, auch selbst unser eigenes Verständnis und unseren eigenen Zugang zu Sterben und Tod weiter zu bedenken. Bei allem Auf und Ab von Tränen, Trauer, Verzweiflung dürfen wir das Licht nicht aus den Augen verlieren, das wir symbolisch in der Osternacht in die dunkle Kirche hineintragen: Christus – das Licht der

Welt. Der Auferweckte ist das Licht, in das er uns für immer hineinholen wird.

Kindern ist nicht geholfen, wenn sich Eltern mit ihrer Sorge um sterbende Angehörige verschließen und den Austausch darüber tabuisieren. Je offener Eltern mit ihren Kindern darüber sprechen, welche Bedenken und Sorgen sie haben, desto selbständiger und sicherer können diese sich mit Sterben und Tod Schritt für Schritt selbst beschäftigen. Eine Tabuisierung belastet Kinder aber noch viel mehr. Kinder fühlen ohnehin, dass mit der Mama, dem Papa oder der Oma etwas nicht stimmt, und entwickeln dann möglicherweise belastende Phantasien oder Schuldgefühle.

Eine wichtige Regel: Wenn schwierige Krankheiten in die Familie kommen, gilt es, miteinander darüber zu sprechen, sich auszutauschen, sich gegenseitig zu stützen. Wenn jeder und jede «mit sich allein fertig werden» will und muss, versickern Hilfe und Entlastung.

Ab wann und wie wir mit schwer kranken Menschen, von denen wir annehmen müssen, dass sie bald sterben, offen auch über Sterben und Tod sprechen, hängt von der entsprechenden Situation und auch von der Art des gewohnten Austausches miteinander ab. Manche Trauernden sagen mir nach der Beerdigung: «Hätte ich doch noch einmal darüber und darüber gesprochen. Jetzt geht es nicht mehr.» Der Tod ist der tatsächliche Abbruch der innerweltlichen Kommunikation, bei der wir eine direkte Antwort erwarten können.

Vergebung bedeutet Erlösung. Dies ist nicht zu unterschätzen. Einige merken erst in der Trauerphase, wie wichtig es war, noch einmal über manches gesprochen zu haben, was sonst für immer belastend offen geblieben wäre.

Zugleich kann es heilsam sein, mit Sterbenden zu beten. Aber hierbei ist es wichtig zu fragen: Soll ich mit dir ein Vaterunser beten? – und nicht einfach die hilflose Situation des Sterbenden auszunützen und ihn mit Gebeten zu überschütten.

### Abschied nehmen

Immer wieder trauen sich nahe Angehörige nicht, die Verstorbenen vor der Beerdigung noch einmal anzuschauen. Die Phantasie, wie er bzw. sie wohl tot ausgesehen hat, kann mit einer solchen Begegnung strukturiert werden; die Tatsächlichkeit des Todes wird deutlich. Kinder machen oft hinterher den Vorwurf, dass sie die verstorbene Oma oder den Opa nicht anschauen und sich von ihr oder ihm auf ihre je eigene Weise verabschieden durften.

Der Sterbebegleiter Peter Czizsek berichtet von einer Beerdigung: Vor einiger Zeit leitete ich die Beerdigungsfeier für einen Großvater. Als der Sarg in das Grab versenkt war, holte ich die vier Enkelkinder zwischen sechs und elf Jahren und schaute mit ihnen auf den Sarg im Grab; dass nur das, was sterblich ist vom Opa, jetzt in die Erde kommt, dass der Opa aber mehr ist als sein Körper und dass er jetzt im Himmel ist, versuchte ich ihnen zu erklären. Der elfjährige Enkel sagte ungläubig zu mir: «Wie kann das denn sein?» Ich konnte ihm darauf nur sagen: «Du kannst es glauben und hoffen.» Für ihn ist dies seine eigene Gotteskrise, durch die er hindurchgehen muss.

Dass Kinder noch einmal um das Grab des toten Opas versammelt werden und mit ihnen ein kurzes Gespräch stattfindet, halte ich religionspädagogisch für richtig und angebracht. Diese Zeit muss man sich nehmen, wenn man die Beerdigungsfeier leitet. Auch in der Predigt der Trauerfeier ist es sinnvoll, Kinder speziell anzusprechen.
Margit Franz gibt überzeugende Ratschläge für den Umgang mit trauernden Kindern.

**Was Kinder brauchen**
- Kinder brauchen Vorbereitung auf das Ereignis des Todes
- Trauernde Kinder brauchen aufrichtige Antworten
- Trauernde Kinder brauchen den realen Abschied vom Verstorbenen
- Trauernde Kinder brauchen Gemeinschaft
- Trauernde Kinder brauchen Rituale
- Trauernde Kinder brauchen Orte der Besinnung und Symbole der Erinnerung
- Trauernde Kinder brauchen Möglichkeiten, ihre Gefühle offen auszuleben
- Trauernde Kinder brauchen Orientierung, Stabilität und Kontinuität
- Trauernde Kinder brauchen auch «trauerfreie Zonen»
- Trauernde Kinder brauchen gefühlsstarke und sensible Erwachsene
- Trauernde Kinder brauchen Trost
- Trauernde Kinder brauchen einfühlsame Gesprächspartner
- Trauernde Kinder brauchen Erinnerungen

- Trauernde Kinder brauchen verantwortete Antworten
- Trauernde Kinder brauchen kindgemäße Ausdrucksformen
- Trauernde Kinder brauchen Hoffnung

*Margit Franz*, Tabuthema Trauerarbeit
Erzieherinnen begleiten Kinder bei Abschied, Verlust und Tod
© Don Bosco Verlag, München 2004

### Das können wir miteinander tun
*Hell-Dunkel-Meditation*

Gemeinsam in einem Raum erst die Dunkelheit wahrnehmen und sich dann lange auf das Licht einer oder mehrerer brennender Kerzen konzentrieren. Dabei ruhige Musik hören und sich an den Händen fassen.

Ein Kind oder ein Erwachsener spricht folgendes Gebet:

*Gott Du bist uns Licht in der Dunkelheit.*
*Beschütze Du die Menschen, die gestorben sind und lasse sie in Deinem Licht leben.*

## Vom Sterben und Abschiednehmen

*Lied: Bewahre uns Gott*

## Vom Sterben und Abschiednehmen

2. Bewahre uns, Gott, behüte uns, Gott,
   sei mit uns in allem Leiden.
   Voll Wärme und Licht im Angesicht, sei nahe in
   schweren Zeiten.
3. Bewahre uns, Gott, behüte uns, Gott,
   sei mit uns vor allem Bösen.
   Sei Willen und Kraft, die Frieden schafft,
   sei in uns, uns zu erlösen.
4. Bewahre uns, Gott, behüte uns, Gott,
   sei mit uns durch deinen Segen.
   Dein Heiliger Geist, der Leben verheißt,
   sei um uns auf unsern Wegen.

M: Anders Ruuth © Carus-Verlag, Stutgart
T: Eugen Eckert © Strube Verlag, München-Berlin

# 3. Von der Seele, dem toten Körper und dem Leben nach dem Tod

*Edeltraud Gaus*

**Vom Tod auferstehen – wie soll das gehen?** Komme ich dann wieder als Baby in einem ganz anderen Land zur Welt? **Wie kann Opa denn in den Himmel kommen, wenn sein Körper doch im Grab zerfällt?** Mama, wie sieht der Himmel aus?

### Das wissen wir dazu

Wir Christen glauben und hoffen, dass wir nach dem Tod auferstehen werden, weil Gott Jesus Christus von den Toten auferweckt hat. Darin zeigt sich die Vollendung seines Handelns an der Welt und an uns Menschen. Mit dem Tod ist also nicht alles zu Ende. Unser Gott ist ein Gott des Lebens und seine Liebe zu uns Menschen ist stärker als der Tod: Wir alle werden im Tod wie Christus verwandelt und gelangen zu einem neuen, ewigen Leben bei Gott, und zwar mit Leib und Seele, der ganze Mensch.

Doch wie soll das gehen? Auferstehung der Toten bedeutet ebenso wenig ihre Wiedergeburt als andere Lebewesen wie das Aufhören eines jeden einzelnen Menschen und seine Auflösung ins Nichts oder eine Verschmelzung mit Gott.

Wir glauben an die leibliche Auferstehung – eine Vorstellung, welche die Einzigartigkeit jedes Einzelnen betont: Der Mensch besteht aus Körper und Leib. Als «Körper» wird dabei das bezeichnet, was äußerlich wahrnehmbar ist, was wir anfassen und sehen können, was sich verändert und was altert. «Leib» bezeichnet das, was das Innenleben des Menschen ausmacht – sein Charakter, seine Geschichte, die Beziehungen, in denen er lebt, seine Gedanken und Wünsche, was zu ihm gehört, ihn beseelt, aber nicht unbedingt sichtbar ist.

Mit der leiblichen Auferstehung lassen wir nicht unser irdisches Leben zurück, sondern es gehört auch nach unserem Tod zu uns. Nur der Körper, das Äußerliche, wird in der jetzigen Form zurückgelassen; er verwest.

Leibliche Auferstehung betrifft das ganze Menschsein: Der ganze Mensch geht mit seinen Besonderheiten und mit allem, was ihn einzigartig macht, in ein neues, anderes Dasein über. Im Tod werden wir Menschen durch Gottes Liebe verwandelt. Zugleich befreit uns Gott über den Tod hinaus von allem, was uns hier auf Erden eingegrenzt und belastet hat.

Allerdings gibt es für ein Leben nach dem Tod keinen Beweis. Unser Verstand stößt mit der Vorstellung von einem Weiterleben nach dem Tod an seine Grenzen. Wir können uns zwar über diese Grenze hinaus Gedanken machen, doch wie es wirklich sein wird oder wie wir es uns vorzustellen haben, kann niemand sagen.

Als Christen glauben wir, dass wir in den «Himmel» kommen. Darunter verstehen wir einen endgültigen Zustand des Heilseins der mit Gott für immer vereinten Menschheit. Wenn wir im Credo bekennen, dass wir an das ewige Leben glauben, dann bedeutet das nicht einfach eine Verlängerung der Zeit, sondern einen Zustand jenseits von Raum und Zeit. In der Auferstehung überwindet der Mensch den Tod und wird verwandelt. Für diesen Zustand der ewigen Gemeinschaft mit Gott verwenden wir Begriffe wie Himmel, Jenseits, ewiges Leben oder Vollendung.

### Das hat mit uns zu tun
Werden Kinder mit Sterben und Tod konfrontiert – sei es mit dem Tod einer nahestehenden Person, in einer Geschichte oder in der Begegnung mit einem toten Tier –, dann fragen sie oft, was danach passiert, mit dem Verwandten, dem Tier oder der eigenen Person. Hilfreich ist es, in den Blick zu nehmen, wie wir Menschen unsere Beziehung zu Gott schon hier auf Erden sehen. Von Beginn unseres Lebens an hat uns Gott in die Beziehung zu ihm hineingenommen. Er hat jeden einzelnen Menschen bejaht und so angenommen, wie er ist. An uns Menschen liegt es, diese Gemeinschaft mit Gott aufzugreifen und in unsere Weltsicht zu integrieren. Wenn wir uns in dieser Beziehung bereits zu Lebzeiten geborgen und angenommen fühlen und Gott für uns ein Gegenüber ist, dann schließt diese Annahme mit ein, dass diese Gemeinschaft auch nach Ende des irdischen Lebens weiter besteht und wir aufgehoben sind im Leben Gottes, so wie wir sind, mit allem was uns ausmacht und woran unser Herz hängt.
Kinderfragen zum Dasein nach dem Tod regen dazu an, sich mit der eigenen Vorstellung davon auseinanderzusetzen. Uns ist dabei aber auch bewusst, dass wir wenig darüber wissen und unsere Erwartungen an das Jenseits letztlich nur in Bildern ausdrücken können. Ein Austausch dieser Bildvorstellungen hilft

uns aber, nachzuspüren, welche Bedeutung sie für uns haben und welche Sehnsucht wir damit verbinden.

### Das sollen Kinder verstehen
Kindern können die leibliche Auferstehung und der Glaube an das Weiterleben des Menschen nach dem Tod als Verwandlung des Körpers in den (neuen) Leib am Beispiel eines Schmetterlings verdeutlicht werden. Er lebt zunächst in körperlicher Gestalt (Raupe), erkaltet zur Todesstarre (Kokon), und erwacht in anderer Gestalt zu neuem Leben (Schmetterling). Und doch bleibt er bei dieser Verwandlung immer das gleiche Lebewesen. Und wie der Schmetterling verwandelt sich auch der Mensch.

Im Gespräch mit Kindern ist es wichtig, auch die kindlichen Vorstellungen sprechen zu lassen und ihre eigene, altersgemäße Vorstellung von Auferstehung und Leben nach dem Tod ernst zu nehmen. Mitunter äußern sie ihr Wissen oder ihre Vermutungen darüber, was mit dem Körper nach dem Tod passiert, dass er zerfällt und verwest. Der verwandelte Mensch lebt bei Gott weiter.

### Das können wir miteinander tun
Als guter Einstieg in ein Gespräch, vor allem mit kleineren Kindern, bieten sich Bilder an. Es ist hilfreich, wenn sowohl Erwachsene als auch Kinder malen, wie sie sich den Himmel vorstellen und sich im Anschluss darüber austauschen. Die konkreten Figuren, die Farben und Formen bringen Vorstellungen zum Ausdruck. Dabei ist es wichtig, dass die jeweiligen An-

sichten aller – von Kindern und Erwachsenen – respektiert werden. Es geht nicht darum, jemanden von einer «richtigen» Meinung zu überzeugen. Viel wichtiger ist es, zu verstehen, was sich das jeweilige Kind unter dem «Himmel» vorstellt, wie es diese Gedanken entwickelt und zu welchen Schlussfolgerungen es kommt.

**Vorbereitung:** Kerze (Osterkerze, Taufkerze), Malpapier und Farben, Hintergrundmusik.
Alle setzen sich um den Tisch. In der Mitte des Tisches steht die brennende Kerze. (Evtl. kann das Licht im Raum etwas gedimmt werden, damit der Kerzenschein besser wahrgenommen wird.)
Bevor ein Erwachsener spricht, bläst eine Person die Kerze wieder aus.
*So wie diese Kerze erlischt, so erlischt auch eines Tages unser Leben.*
*Wir, die wir an Jesus Christus glauben, glauben und hoffen darauf, dass damit nicht alles zu Ende ist, unser Leben nicht umsonst gelebt ist. Wir glauben, dass wir auferstehen und bei Gott weiterleben. Jeder von uns hat seine eigene Vorstellung von diesem Leben bei Gott.*
*Wie sieht deine aus?*

Jede Person erhält einen Papierbogen sowie Stifte und malt seine Vorstellung vom Leben bei Gott. Im Hintergrund kann ruhige Musik laufen.
Nach der Malphase wird die Kerze wieder entzündet. Nun kann jeder sein Bild erklären und seine Gedanken über das Leben nach dem Tod vorstellen. Wer das

nicht möchte, kann auch sein Bild für sich sprechen lassen.
Ein/e Erwachsene/r oder ein Kind:
*Unsere Bilder stellen dar, wie wir uns unser Leben nach dem Tod vorstellen. Verweilen wir einige Minuten vor unserem Bild und machen uns noch einmal ganz bewusst, welche Hoffnungen und Gefühle wir mit diesem Bild verbinden.*

Nach dieser Phase:
*Wir möchten Gott danken, dass er uns Hoffnung und Liebe schenkt und beten:*

*Herr, ich weiß, dass du mich liebst, dass mein Sterben genauso in deinen Händen liegt wie mein Leben. Ich will glauben, dass alles, so wie es kommt, in deine Liebe eingeschlossen ist. So wie du es fügst, wird es gut sein für mich. Hilf mir, deinen Willen zu verstehen und anzunehmen. Hilf mir, täglich bereit zu sein, wenn du mich rufst. Lass mich versöhnt mit dir sterben, in der Hoffnung, dass du mir alles zum Guten wendest. – Herr, dein Wille geschehe.*

© Erzbischöfliches Ordinariat Bamberg

### Schlussimpuls für Eltern
Folgende Geschichte erzählt beispielhaft von einem Gespräch über den Tod zwischen Erwachsenen und Kindern. Es geht vor allem darum, mit Kinderfragen einen ehrlichen Umgang zu pflegen und auch offen bekennen zu können, auf manche Fragen keine Antworten zu haben.

### *Großmama stirbt*

Abends sitzen beide Kinder bei der Mutter.

«War Großmama in dem Sarg, der mit dem Auto weggefahren ist? Wohin haben sie sie gebracht?», fragt Robert.

«In die Leichenhalle beim Friedhof. Dort steht der Sarg, bis sie begraben wird.» «In diesem engen Sarg, Mama? Und wenn sie aufwacht, wie kommt sie da raus?»

«Sie ist tot. Der Arzt hat es festgestellt. Wir sehen sie hier nicht mehr wieder.»

«Und wohin kommt sie dann?»

«In die Erde, auf den Friedhof neben Großpapa.»

«In ein Loch in die Erde?»

«Frag doch nicht so», brummelt Otto.

«Lass ihn», sagt Mama, «Großmama kommt in die Erde. Die Hülle des Menschen, sein Körper, löst sich auf, wenn er tot ist; sie wird wieder zu Erde.»

«Und Großmama?»

«Großmama auch. Aber das, was Großmama war, lebt weiter. Sie hat euch sehr lieb gehabt, ihr sie auch, das wird nie verlorengehen.»

«Bleibt es in der Luft?»

«Ich weiß nicht, aber ich kann mir nicht vorstellen, dass überhaupt etwas verlorengeht. Wir weinen nur, weil wir den Menschen, den wir lieben, nicht mehr bei uns haben. Wir können ihn nicht mehr anrühren, nicht mehr sehen, nicht mehr hören, nicht mehr küssen.»

«Ich höre Großmama trotzdem,» sagt Otto plötzlich.

«Geht sie zum lieben Gott, so wie ein Engel?» fragt Robert.

«Das weiß ich nicht. Ich glaube, dass Gott sie aufnimmt. Wie, weiß ich nicht, aber ich weiß, dass sie für immer in den Frieden eingeht.»
«Was ist Frieden?»
«Ein Ort oder ein Zustand, wo man durch nichts mehr verwirrt oder gekränkt wird, wo man nicht mehr Angst hat.»
«So, als wenn ich schlafe?»
«Nein, das glaube ich nicht.»
«Eigentlich könnte man ja gleich tot sein, wenn alles so schön ist. Warum bin ich auf der Erde?» sagt Otto mürrisch.

«Um zu leben», antwortet die Mutter. «Das heißt, um viele Erfahrungen zu machen, gute und schlechte, um die Welt kennen zu lernen, um Glück zu finden, zu wachsen, zu lernen, zu helfen und zu lieben. Jedes Leben führt zu einem Tod. Nur was gelebt hat, kann sterben. Der Tod gehört zu jedem Leben.»

Antoinette Becker, Großmama stirbt
in: Garritzmann, Hermann, u.a. (Hg.),
Durch das Jahr – durch das Leben,
Hausbuch der christlichen Familie,
2. Auflage, München 2000, S. 188.

# 4. Von Himmel, Hölle und Fegefeuer

*Ralf Gaus*

**Kommen alle Menschen in den Himmel?** Wo ist denn der Himmel – über den Wolken oder woanders? Ist die Hölle tief in der Erde drin, und gibt es dort tatsächlich ein Feuer?

### Das wissen wir dazu

Was nach dem Tod kommt, wissen wir nicht. Als Christen glauben wir, dass wir Menschen nach dem Tod auferstehen und in der Nähe Gottes sein werden («Dann werden wir immer beim Herrn sein.» 1 Thessalonicher 4,17). Genau das meinen Christen auch, wenn sie vom «Himmel» sprechen: Der Himmel ist ein Bild für die Welt Gottes, für sein Reich. Dies ist nicht örtlich zu verstehen; immer schon ist Gott auch eins mit unserer Welt.

Wenn wir sterben, fallen wir nicht aus seiner Fürsorge heraus, sondern gehören über den Tod hinaus zur Gemeinschaft mit Gott – außer wir entscheiden uns dagegen. Himmel bedeutet also auch, mit Gott und den Menschen versöhnt zu sein, mit ihnen im Reich Gottes zu leben, d. h. ganz und für immer heil zu sein. Mit der Auferstehung kommt im christlichen Verständnis aber auch ein Moment der Wahrheit. Wir Menschen tragen die Verantwortung für unser Leben und unser Handeln. Diese Tatsache wird häufig mit dem Begriff des Gerichts und die daraus resultierenden «Urteile» mit den Begriffen Fegefeuer und Hölle umschrieben. Im Gegensatz zu früheren Jahrhunderten lässt sich heute jedoch ein Wandel dahingehend feststellen, dass man sich von Angst machenden Bildern verabschiedet hat und beim Treffen von Aussagen generell vorsichtiger geworden ist.

Um besser zu verstehen, was mit dem Bild des Gerichts gemeint ist, ist es sinnvoll, die Botschaft Jesu näher zu betrachten. Im Zentrum steht für Jesus das Reich Gottes, das mit ihm schon angebrochen ist; dies kommt in seinen Worten und Taten zum Ausdruck. Damit sich Gottes Reich auf Erden weiter entfalten kann, ruft uns Jesus zur Umkehr und zur Nachfolge auf: «Die Zeit ist erfüllt, das Reich Gottes ist nahe. Kehrt um, und glaubt an das Evangelium!» (Markus 1,15) Daher steht aus theologischer Sicht hinter dem Bild des anstehenden Gerichts der Aufruf zur (Glaubens-) Entscheidung: Glauben wir an die Botschaft Jesu und handeln wir danach, oder nicht?

Damit sind die Menschen herausgefordert, sich einzusetzen für die Verwirklichung dieses Reiches Gottes, sich also für eine bessere und gerechtere Welt. Jeder Einzelne ist dazu aufgerufen – aber auch wir alle als Gemeinschaft. Daher heißt es in der Bibel: Der Mensch ist dazu bestimmt, «ein einziges Mal zu sterben, worauf dann das Gericht folgt» (Hebräer 9,27), in welchem er «seinen Lohn empfängt für das Gute oder Böse, das er im irdischen Leben getan hat» (2 Korinther 5,10).

Die Frage wird sein, ob wir Menschen uns gegen vermeidbares Leid gewehrt und für ein gerechtes und lebenswertes Leben eingesetzt haben. Für diejenigen, die in der Welt Ungerechtigkeit erleiden mussten, besitzt das Gericht einen Hoffnungsschimmer: Sie werden ihr Recht erhalten.

Nun ist das Gericht aber nicht so zu verstehen, dass uns Jesus als Richter verurteilen oder demütigen möchte. Vielmehr geht es ihm darum, uns aufzurichten. Gott will die Versöhnung mit ihm und die der Menschen untereinander. Daher gilt das menschliche Verständnis von Gerechtigkeit mit Attributen wie Strafe oder gar Rache bei Gott nicht. Gericht ist als Beziehungsgeschehen zu verstehen, in dem der Mensch mit der unendlichen Liebe und Güte Gottes konfrontiert wird und dadurch auch Einsicht in sein eigenes Leben gewinnt. In der Begegnung mit Gott sehen wir unser Leben unverstellt und mit Ehrlichkeit. Diese göttliche Begegnung, wie sie uns verheißen ist, geht über die Erfahrung des Menschen hinaus.

So lässt sich auch das Bild des Fegefeuers verstehen, das im Lateinischen «Purgatorium» heißt. Dies sollte auch der eigentliche Begriff sein, den wir verwenden, denn weder das Fegefeuer noch die Hölle haben im eigentlichen Sinne mit Feuer zu tun. «Purgatio» meint Reinigung oder Klärung, und so kann man das «Purgatorium» als Reinigungsort verstehen. In der Nähe Gottes wird uns Menschen klar, was wir Gutes und Schlechtes getan haben. Dieser Prozess der Klärung ist reinigend, aber auch schmerzlich. Im Grunde gibt es keine größere Strafe, als dass der Mensch versteht, was er angerichtet hat.

Es liegt aber in der Entscheidung des Menschen, ob er diesen Prozess der Klärung durchlaufen will und so mit Gott und den Menschen versöhnt leben möchte. Wenn wir unter «Himmel» das Versöhntsein mit Gott

und den Menschen verstehen, dann bedeutet die
«Hölle», in Unversöhntheit leben zu wollen und zu
müssen. Theologisch betrachtet ist sie also die Gottes-Ferne, eine vom Menschen selbst verursachte Distanzierung und Ablehnung der Heilszusage Gottes.
Gleichzeitig steht über allem die Hoffnung, dass Gott
uns trotz unserer Unvollkommenheit und Schuld
liebt, und dass daher alle Menschen durch seine Gnade erlöst und versöhnt werden.

### Das hat mit uns zu tun

Wir Menschen stehen schon von Anbeginn in Beziehung zu Gott. Diese Verbindung hört nicht mit dem
Tod auf, sondern bleibt darüber hinaus bestehen.
Gott hat uns zugesagt, dass wir auch im Tod bei ihm
sein werden. Es ist aber unsere Entscheidung, ob wir
auf dieses Entgegenkommen antworten und wie wir
uns entscheiden. Darauf verweisen die Bilder des
Himmels, des Fegefeuers und der Hölle.
Gleichzeitig machen sie deutlich, dass wir für unser
Handeln verantwortlich sind und dieses oft noch lange nach unserem Tod Konsequenzen hat. Wir tragen
Verantwortung gegenüber Gott und seiner Schöpfung mit ihren Menschen, Tieren und der Natur. Was
wir Menschen in unserem Leben tun, ist nicht egal.

### Das sollen Kinder verstehen

Gott liebt die Menschen von Anfang an und ist mit ihnen. Auch oder gerade mit den Kindern. Diese Beziehung und diese Liebe enden nicht mit dem Tod. Kinder
sollen jedoch auch verstehen, dass wir Christen zwar an
die Auferweckung glauben, dass aber der Tod das Ende

des irdischen Lebens wie wir es kennen bedeutet. Es hilft Kindern nicht, wenn diese Realität mit Bezeichnungen wie «schlafen» oder «lange Reise» beschönigt wird. Gerade solche Begriffe erzeugen Assoziationen, die im Kontext von Sterben und Tod bzw. beim Trauern eher hinderlich als förderlich sein können. Kinder können solche übertragenen Begriffe noch nicht symbolisch verstehen; vielmehr lösen derartige Umschreibungen weitere Fragen aus: «Und wenn Opa wieder aufwacht im Sarg?» Auch im Angesicht des Glaubens an die Auferstehung ist es notwendig, dass Kinder die Endgültigkeit des Todes begreifen.

Kinder übernehmen von ihren Eltern Gebote und Verbote. Sie übernehmen die elterlichen Gebote und konkrete Regeln aber nicht nur für einzelne Situationen, sondern übertragen diese auch auf anderes, eigenes Handeln. Auf diese Weise setzen sie sich schon früh mit Richtig und Falsch auseinander und entwickeln diesbezüglich ein Einschätzungsvermögen. Gleichzeitig können Kinder verstehen, dass ihr Handeln Konsequenzen hat. Andere Menschen zu schlagen, ihnen das Mäppchen zu stehlen oder sie zu ärgern führt zu Verletzungen – und erfordert auch eine Entschuldigung. Kinder lernen also nicht nur, was richtig und falsch ist, sondern darüber hinaus auch, dass dazu ebenso «normal» Verzeihung und Versöhnung gehören.

Dieses Verständnis von den Konsequenzen des eigenen Handelns wird jedoch nur allmählich und auch durch negative Erfahrungen sowie Fehler erworben («Das wollte ich doch nicht...!»). Aus diesem Grund muss zwischen dem Handeln von Kindern und dem von Erwachsenen unterschieden werden. Erst im Ju-

# Von Himmel, Hölle und Fegefeuer

gendalter wird der Mensch endgültig fähig, die Folgen des eigenen Handelns ganz abschätzen zu können. Es ist daher unverantwortlich, Kindern mit der Hölle oder dem Fegefeuer als Konsequenz für ihr Handeln Angst zu machen. Kinder müssen vielmehr Verzeihen und Versöhnung in ihrer Familie erfahren. Dabei sollen sie jedoch auch verstehen, dass der Himmel nicht wörtlich zu begreifen ist, sondern als Beziehung zu Gott. Sie sollen merken, dass sie von Gott geliebt werden und zu ihm gehören. «In den Himmel kommen» heißt dann, nicht für immer tot zu sein, sondern in der Nähe Gottes, im «Reich Gottes» weiterleben zu können, im Lichte Gottes und nicht in der Dunkelheit des Todes zu sein.

## Das können wir miteinander tun
### Was macht mir und anderen das Leben zur Hölle?
Mit Kindern über Hölle und Fegefeuer zu sprechen, muss von Seiten der Erwachsenen sensibel geschehen. Eltern sollten Kinder weder mit Bildern davon konfrontieren, noch einem Kind das Thema aufnötigen. Vielmehr sollten sie reagieren, wenn ihr Kind mit der Frage danach kommt. Denn gerade bei dem theologischen Bild der «Hölle» ist Umsicht geboten. Zum einen werden «Hölle» und «Fegefeuer» von Kindern nicht symbolisch, sondern als konkrete Örtlichkeiten aufgefasst. Das Weltbild der Kinder, so zeigen Kinderzeichnungen, ist vielfach gekennzeichnet von «oben und unten», «Himmel und Hölle». Damit verbunden kann das Symbol der Hölle wiederum leicht Angst auslösen und Kindern das Bild eines strafenden und unbarmherzigen Gottes vermitteln.

Dennoch wissen Kinder meist um Richtig und Falsch sowie um die Konsequenzen ihres Verhaltens. Vor allem ältere Kinder sind sich bewusst, worin diese bestehen und dass sie für Menschen zur «Hölle» werden können. An solchen Erfahrungen kann ein Gespräch ansetzen. Die Kinder verstehen, dass in Streit und Hass zu leben im übertragenen Sinne die Hölle ist, und dass Versöhnung gut tut.

Sie sind sich jedoch ebenfalls bewusst, dass die Klärung einer Spannung nicht immer ohne Schmerzen und Tränen auskommt. Was für das Miteinander zwischen den Menschen gilt, gilt in gleichem Maße aber auch für die Beziehung zu Gott. Auch hier hat unser Handeln Konsequenzen, mit denen wir eines Tages konfrontiert werden. Himmel ist Leben, gelingende Kommunikation, freundliche und aufbauende Zukunft in der Nähe Gottes. Hölle ist Gottes Fernsein, Dunkelheit, Kälte.

Jeder kann durch sein Verhalten Dunkelheit und Schmerz erzeugen. Auch Kinder können einander zur Hölle werden. Umso wichtiger ist es, Kindern begreiflich zu machen, dass nicht jedes Verhalten möglich ist, und dass sie sehr wohl die Aufgabe haben, Schritt für Schritt füreinander mehr Licht als Dunkelheit zu sein.

### *Ein Versöhnungsritual entwickeln – vergeben und vergeben lassen*

Versöhnung bedeutet, den Himmel schon auf Erden zu erleben. Es ist aber nicht immer leicht, die Sprachlosigkeit zu durchbrechen und um Entschuldigung zu bitten. Daher gilt es, in der Familie, der Kindergartengruppe oder unter Freunden ein gemeinsames Ritual zu entwickeln, eine Geste der Entschuldigung und eine Bitte um Versöhnung. Gemeinsam können wir überlegen, was für unsere Familie, unsere Beziehung das passende Ritual ist.

Ein solches Ritual kann auch in Stunden des Todes hilfreich sein. Vor allem dann, wenn es zum letzten Mal möglich ist, sich zu versöhnen.

*Was kann ich tun, wenn ich um Entschuldigung bitten will?*

Dem anderen die Hand geben, wenn es mir schwer fällt, als Zeichen eine entsprechende Kerze anzünden, ihm ein Segenswort zusprechen.

*Wie kann ich meine Sprachlosigkeit überwinden? Gibt es einen Ort, wo ich auch solche Dinge ansprechen kann?*

Kindern und Erwachsenen hilft es, wenn sie wissen, dass es einen festen Ort gibt, an dem auch über Probleme gesprochen wird. Ein solcher Ort kann die «Familienkonferenz» sein, etwa an jedem Sonntagabend. Dann können Eltern wie Kinder sagen, dass ihnen etwas leid tut oder dass etwas sie gekränkt hat. Aber auch Dank und Freude haben hier ihren Platz.

So wird die Familienkonferenz zu einem Termin in der Woche, auf den sich Kinder wie Erwachsene einstellen können, und von dem sie wissen, dass ihnen zugehört wird. Gleichzeitig wird in solchen Gesprächen der Familienalltag zum Lernfeld. Kinder lernen Richtig und Falsch, Gut und Böse zu unterscheiden und erfahren von den Konsequenzen ihres Handelns. Dabei ist es entscheidend, dass sich auch die Eltern auf diesen Kommunikationsvorgang einlassen. Denn dieser Unterscheidungsprozess ist keine Einbahnstraße, die lediglich in Richtung Kinder führt.

# Von Himmel, Hölle und Fegefeuer

Zum Abschluss einer Familienkonferenz, vor allem wenn sie von Streit und Versöhnung gekennzeichnet war, kann die Familie ein gemeinsames Lied singen.

*Lied: Da berühren sich Himmel und Erde*

1. Wo Menschen sich vergessen, die Wege verlassen
2. Wo Menschen sich verschenken, die Liebe bedenken,
3. Wo Menschen sich verbünden, den Hass überwinden,

1.–3. und neu beginnen, ganz neu da berühren sich Himmel und Erde, dass Frieden werden unter uns,

# Von Himmel, Hölle und Fegefeuer

da be-rüh-ren sich Him-mel und Er-de, dass Frie-den wer-de un-ter uns.

T: Thomas Laubach • M: Christoph Lehmann; aus: Gib der Hoffnung ein Gesicht, 1989 alle Rechte im tdv-Verlag Düsseldorf

### Schlussimpuls für Eltern
*Keine verlorene Zeit*

Lass uns dir vertrauen, Gott, und segne uns,
dass sich auch die Bruchstücke unseres Lebens
wieder zusammenfügen können.
Achte darauf, Gott, und segne uns,
dass wir Äußerlichkeiten nicht zu wichtig nehmen
und nicht am Vergangenen hängen.
Schenke uns allen, Gott, und segne uns,
dass wir die dunklen Seiten unseres Lebens
nicht verdrängen, sondern mit ihnen zu leben lernen.
Lass uns begreifen, Gott, und segne uns,
dass Tage der Sorge, der Trauer und des Leids
keine verlorenen Zeiten sind,
sondern zu unserer Reife führen.

Roland Breitenbach

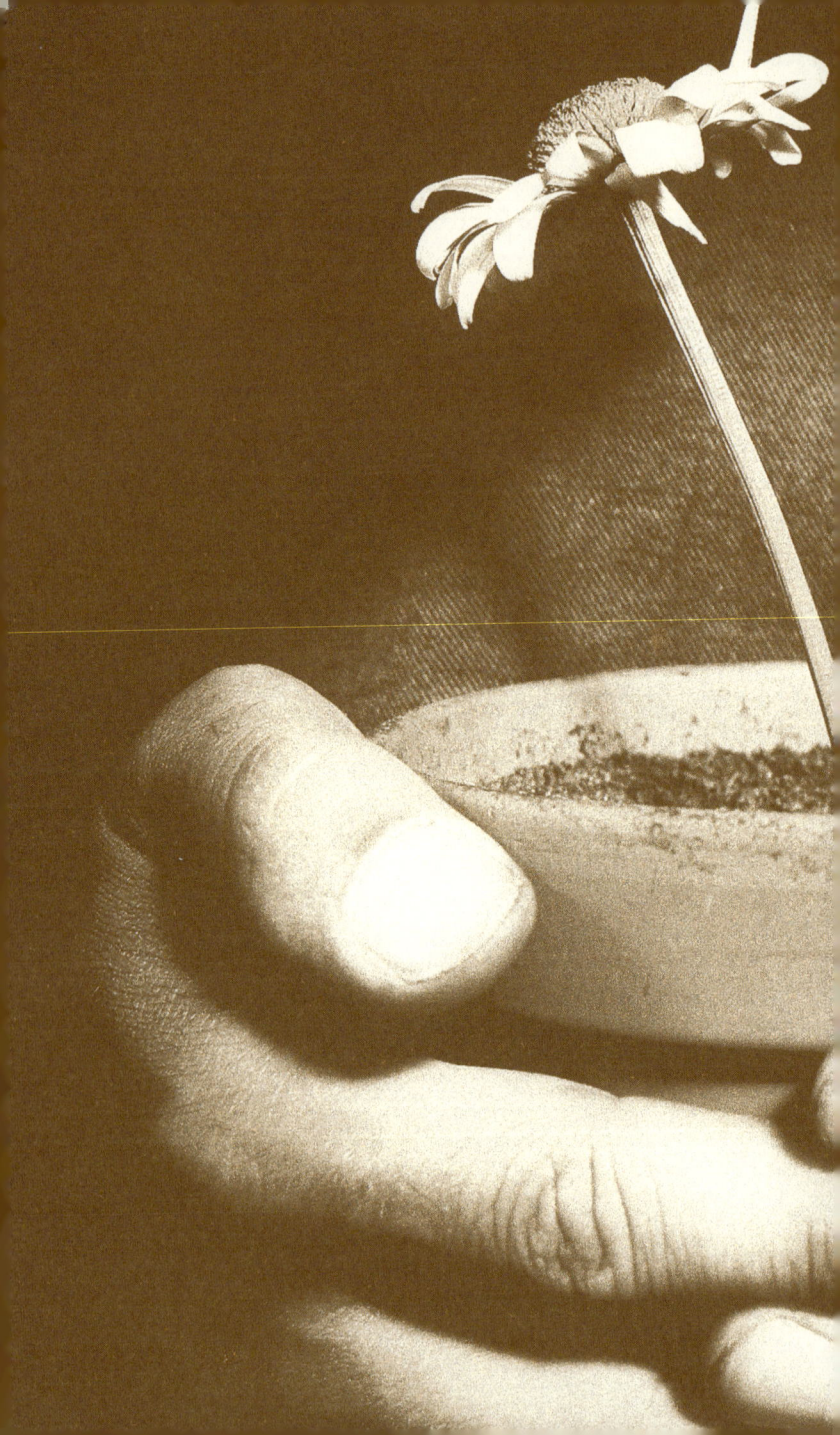

# 5. Von Vorstellungen über den Tod und dem Umgang mit Trauer

*Edeltraud Gaus*

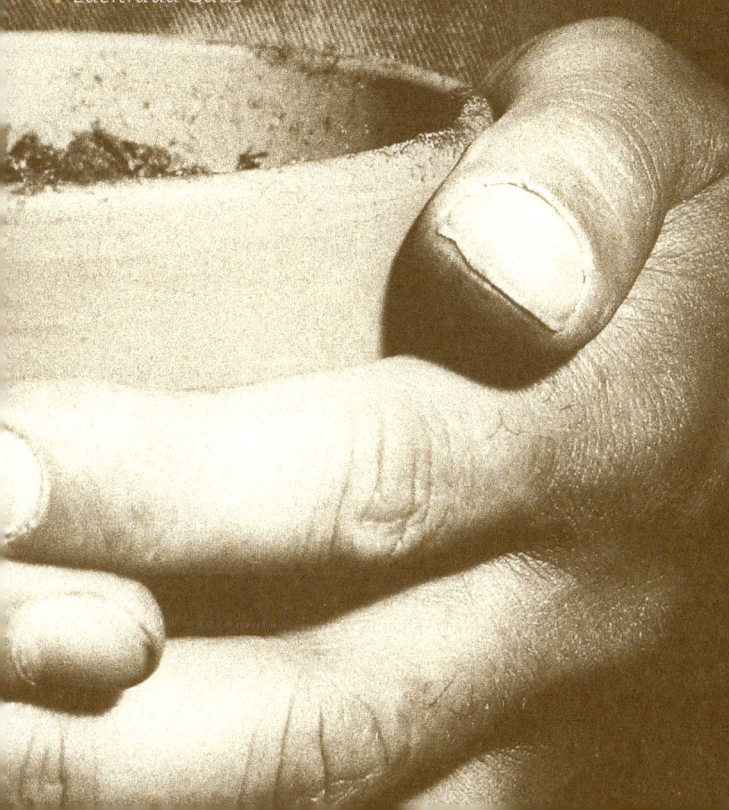

**Ist Opa auf einer langen Reise? Warum bin ich immer so niedergeschlagen? Ich will, dass Oma wiederkommt! Mitten im Spiel muss ich manchmal weinen – ich will das nicht!**

### Das wissen wir dazu

Auch wenn wir keine sicheren Aussagen über die Zeit nach dem Tod machen können, ist es wichtig, die Fragen danach ernst zu nehmen.

Kinder ab vier Jahren haben noch ein begrenztes und einfaches Verständnis vom Tod. Er ist für sie keine Realität, sondern vielmehr das Gegenteil von Leben. Ihre Vorstellung vom Tod füllen Kinder gefühlsmäßig mit anschaulichen Erfahrungen aus ihrem eigenen Leben: Dunkelheit, Trennung oder Schlaf. In ihrem Buch «Tabuthema Trauerarbeit» beschreibt Margit Franz, dass für Kinder Leben und Tod genauso austauschbar sind wie z. B. die An- oder Abwesenheit der Mutter.

Für Kinder ist es auch schwer nachvollziehbar, wie ein lebendiger Mensch zu einem toten und bewegungslosen Leichnam werden kann.

Erst in ihrer weiteren Entwicklung erleben sie, dass es im Leben Veränderungsprozesse und damit Übergänge gibt (z. B. wenn aus einer Blumenzwiebel eine Blume wächst).

Zudem haben Kleinkinder noch kein ausgeprägtes Zeitempfinden, d. h. die Endlichkeit ist für sie nicht vorstellbar. Vielmehr leben sie ihr Leben zeitlos und jeden Tag neu, völlig unbeschwert im Hier und Jetzt (vgl. M. Franz, S. 56ff.). Ihr Zeitbegriff ist konkret. Das erklärt auch, wieso sie mit dem Satz: «Opa ist jetzt tot» wenig bis nichts anfangen können: Sie sind noch nicht in der Lage, logische Schlussfolgerungen abzuleiten und diese auf andere Situationen oder Handlungen zu übertragen. Wissen erschließen sich Kinder in handelndem Tun. Deshalb ist für sie die unmittelbare Wahrnehmung von Veränderungsprozessen sehr bedeutsam.

Im Hinblick auf den Tod eines Menschen akzeptieren Kinder den Verlust besser, wenn sie in den Prozess eingebunden sind, z. B. die kranke Oma besuchen, von der verstorbenen Oma Abschied nehmen, sie anfassen und an der Trauerfeier teilnehmen. Der natürliche Umgang mit dem Tod verhindert, dass ein Kind sich in seiner Phantasie Antworten auf seine Fragen oder Vorstellungen zurechtlegt, die oft viel belastender sein können als die eigentliche Realität. Es ist sinnvoll, Kindern ihre vielleicht harmloseren Bilder für den Tod («Oma ist jetzt ein Engel») zu lassen und sie sogar zu unterstützen, solche Bilder für sich zu finden. Suchen jedoch Erwachsene Bilder, um Kindern den Tod zu erklären, sollten diese nicht aus dem kindlichen Lebensalltag gewählt werden, da Kinder noch nicht genügend zwischen z. B. dem echten und dem symbolischen Schlafen unterscheiden können.

Das Kinderwissen über den Tod ist auch wesentlich davon geprägt, wie Eltern ihre Trauer vorleben, was sie Kindern über den Tod und das Leben danach erzählen und vermitteln. Gleichaltrige Kinder können sehr unterschiedliche Vorstellungen vom Tod haben, da Kinder individuell geprägt und entwickelt sind und jeweils andere persönliche Erfahrungen gesammelt haben. Die Vorstellung vom Tod entwickelt sich bei Kindern langsam und kann wie folgt charakterisiert werden (die Altersangaben haben hierbei nur orientierende Funktion):

*Kleinkinder (bis zwei Jahre)*
Kinder in diesem Alter haben noch keine Vorstellung vom Tod und verstehen auch den Begriff Tod noch nicht. Zentral für ihr Empfinden ist die Angst, verlassen zu werden; charakteristisch für dieses Lebensalter sind eine enge Bindung an Bezugspersonen und das bereits genannte Fehlen eines Zeitempfindens. Für Kleinkinder bedeutet Tod emotional vor allem Entzug oder Entbehrung dessen, was wichtig ist. Vorübergehende Trennungen werden oft als tatsächliche Trennung erlebt und können starke Verlassenheitsgefühle auslösen.

*Vorschulkinder (bis sechs Jahre)*
Der Tod wird gleichgesetzt mit vorübergehender Abwesenheit. Kinder erwarten eine Rückkehr des Toten. Wer tot ist, kann auch wieder kommen («Opa ist auf einer langen Reise»), Todeswünsche sind gleichzusetzen mit «Fortwünschen». Mit dem Tod verbinden sie den Zustand von Dunkelheit und Bewegungslosigkeit, begreifen ihn aber noch nicht als etwas Endgültiges. In diesem Alter beziehen Kinder alles auf sich und können sogar Schuldgefühle entwickeln, weil sie sich am Tod eines Menschen mitverantwortlich füh-

len, weil sie ihn sich einmal fortwünschten. Für Vorschulkinder ist der Tod etwas Zufälliges, und sie meinen, dass nur andere Menschen sterben und sie selbst immer da sein würden.

*Grundschulkinder (bis neun Jahre)*
Kinder in dieser Phase beginnen die Bedeutung des Todes zu verstehen und haben ein sachliches, nüchternes Interesse an den Äußerlichkeiten des Todes, z. B. was aus den Toten wird. Sie stellen viele Fragen und wollen alles möglichst genau wissen. Trotzdem verstehen sie nicht alles und entwickeln deshalb Verlust- und Trennungsängste. Die Realität (der Tod ist ein Naturphänomen, das eintritt, wenn ein Tier oder Mensch nicht mehr atmet oder keinen Puls mehr hat), wechselt sich mit der Phantasie (Tod als langer Schlaf) ab. Kinder erkennen, dass der Tod jeden treffen kann, auch ihnen sehr nahe stehende Menschen und letztlich sie selbst.

*Schulkinder (bis 12 Jahre)*
Sachliche Fragen über den Tod und seine Folgen dominieren diese Altersstufe (v. a. die biologischen Aspekte des Sterbens). Der Tod wird als etwas ganz anderes als das Leben verstanden. Kinder wissen nun auch um den eigenen Tod und akzeptieren ihn als Notwendigkeit des Lebens. Der Tod von Verwandten oder Freunden wird als großer Verlust und mit starken Trennungsschmerzen erlebt. Mitunter reagieren Kinder auch mit körperlichen Symptomen wie Kopf- oder Bauchweh, Schwindel, Erbrechen.

Kinder aller Altersstufen begreifen den Tod umso realistischer, je mehr Erkenntnisse und Erfahrungen sie

in ihrem Leben bereits bei Trennung und Verlust gewonnen haben: den Trost, den sie erfahren haben und einfühlsames Verständnis in dieser Situation.
Mit der Entwicklung des Zeitverständnisses und dem zunehmenden Verständnis vom Tod kann das Kind dessen Unabänderlichkeit und Endgültigkeit langsam begreifen, den Verlust eines lieben Menschen erfassen und die damit verbundenen Gefühle intensiver erleben. Kinder trauern genauso schwer und lange wie Erwachsene, aber auf ihre Art. Ihre Traurigkeit wird oft nicht als solche erkannt, denn Trauerbewältigung setzt Fähigkeiten voraus, die Kinder noch nicht voll entwickelt haben: Trauer verbal auszudrücken, abstraktes Denken und Zeitempfinden. Kinder gehen mit Trauer anders um. Sie verarbeiten sie oft im Spiel. Es kann vorkommen, dass es einem Kind manchmal leichter fällt, sich souverän oder aufgedreht zu geben, dass es aber beim Hören einer Geschichte oder beim Anschauen eines Bilderbuches mit starken Emotionen reagiert. Es ist wichtig, dass jedes Kind und jeder Mensch in seiner Trauer ernst genommen wird, diese zum Ausdruck bringen darf, und dass die dafür nötige Zeit und Begleitung zur Verfügung stehen.
Dies bedeutet auch, dass Kinderfragen zu Sterben und Tod von Erwachsenen ernsthaft, wertschätzend und nach bestem Wissen beantwortet werden sollten. Wenn Kinder trauern, ist das Wissen darum besonders wichtig, dass bereits der Ausdruck der damit zusammenhängenden Gefühle für Kinder sehr heilsam ist und ihnen hilft, die Trauer zu verarbeiten. Die betreuende Person muss in erster Linie diese Gefühle

# Vom Umgang mit der Trauer

aushalten und dableiben. Sie muss wissen und dem Kind zeigen können, dass heftige Gefühle zur Trauer gehören und nicht versteckt werden müssen.
Nach psychologischen Erkenntnissen hat die Trauer vier Aufgaben. Zum einen müssen Trauernde lernen, *die Realität anzuerkennen*. Für ein Kind ist es nicht hilfreich, den Tod eines Menschen zu beschönigen mit Worten wie «Opa ist jetzt auf einer langen Reise». Schmerz und Verlust sind unter Umständen groß, doch es geht darum, wirklich zu begreifen, dass Opa tot ist. Dieser Prozess vom intellektuellen Verstehen bis zum gefühlsmäßigen Begreifen kann lange dauern. Ferner geht es in der Trauer darum, den *Abschiedsschmerz zu durchleben*. Bei trauernden Kindern bedeutet das vor allem, dass Eltern oder Begleiter die Gefühle zulassen müssen und nicht einfach «wegtrösten» dürfen. Beispielsweise darf der tote Hamster nicht gleich durch einen neuen Hamster ersetzt werden. Wenn der Schmerz nicht durchlebt werden darf, sondern dauernd weggeschoben wird, wird es keine Heilung geben. Die dritte Aufgabe der Trauer ist, dass Trauernde das *verinnerlichen, was war*. Es geht darum, den Unterschied zu begreifen zwischen dem, was war und dem, was ist – der veränderten neuen Situation. Indem Erinnerungen gepflegt werden und über den Verstorbenen gesprochen wird, kann dieser in das eigene Leben integriert werden. Zum Schluss besteht die Aufgabe der Trauer noch darin, eine *neue Identität zu entwickeln*. Ein Kind muss beispielsweise ein neues Selbst- oder Familienkonzept entwickeln, zu dem die Mutter, der Opa oder der große Bruder nicht mehr gehören. Eine große Ge-

fahr besteht hierbei darin, dass jüngere Kinder versuchen, die Rolle der verstorbenen Person zu übernehmen und die eigenen Bedürfnisse zurückstellen.

### Das hat mit uns zu tun
Die Kunst im Umgang mit (trauernden) Kindern, die nach Sterben und Tod fragen, besteht darin, dass sich die oder der Begleitende seiner eigenen Ängste, Unsicherheiten und Vorstellungen bewusst ist und die eigenen Reaktionen von denen des Kindes trennen kann. Es ist sehr wichtig, die Wahrnehmungen des Kindes zu respektieren und die Interpretationen ihm selbst zu überlassen. Dabei kann man dem Kind erklären, was eine bestimmte Vorstellung vom Tod bedeutet, was ein Bild bzw. eine Erfahrung an Gefühlen auslöst oder was sein Verhalten in der konkreten Situation ausdrückt.

### Das sollen Kinder verstehen
Im Umgang mit Sterben und Tod ist es für Kinder hilfreich, wenn sie verstehen, dass der Tod zum Leben gehört. Er ist für uns Menschen schmerzhafte Realität, und auf Fragen im Zusammenhang mit Sterben und Tod haben auch die Erwachsenen nicht immer eine Antwort.

Der Jahreskreislauf kann Kindern eine anschauliche Hilfe für Werden und Vergehen sein: Wir erleben den Frühling als Zeit des Aufbruchs und des Neubeginns, den Sommer als Wachsen und Reifen, der Herbst spiegelt den Rückzug der Natur und ihrer Lebenskraft wider, und der Winter ist für uns eine Zeit des Ausruhens und der Stille, bis im Frühjahr das Leben wieder erwacht. Diesen Rhythmus bewusst wahrzunehmen und zu erkennen hilft Kindern, sich als Teil des natürlichen Kreislaufes zu verstehen: So wie auf einen Winter wieder ein Frühling folgt, nach einem Abschied ein Neuanfang steht, so wie sich das Kind an der Kindergartentür von den Eltern verabschiedet, so müssen wir im Leben Verluste hinnehmen; etwa wenn die Ferien zu Ende gehen, ein Freund plötzlich wegzieht, die Kindergartenzeit vorbei ist und die Schulzeit beginnt.

Durch Rituale des Abschieds lernen Kinder, den Rhythmus des Lebens wahrzunehmen (sich umarmen und alles Gute wünschen). Sie feiern Feste im Kreislauf der Natur (Erntedankfest), im Lebenslauf (Geburtstage, Namenstage) oder im Jahreszyklus (Ostern, Weihnachten). Kinder, die auf solche Rituale des Abschieds und der Wiederkehr vertrauen, sind beim Verlust einer geliebten Person besser aufgefangen. Es wird spürbar: Leben ist Fortschritt und Entwicklung und verläuft nicht ohne Krisen. Auf diese Weise erfahren Kinder auch, dass dieses Vergehen nicht endgültig ist: Wir wissen uns in einen Kreislauf eingebunden und von unserem Gott gehalten und getragen.

### Das können wir miteinander tun
#### *Gefühle äußern, Leid teilen*
Alle sitzen am Tisch. Es werden verschiedene Farben, ein Bogen buntes sowie für jeden ein Blatt weißes Papier benötigt. In der Mitte des Tisches liegt ein Bild der/des Verstorbenen sowie der Bogen buntes Papier.

Ein Erwachsener spricht:
*N. N. ist tot. Wir können nicht mehr mit ihr/ihm lachen, direkt sprechen oder sie/ihn umarmen. Jeder von uns hatte seine eigene Beziehung zu ihr/ihm. Denken wir noch einmal in Stille an N. N. (Pause).*
*Jeder trägt seine eigenen Gedanken in sich, aber viele Erinnerungen teilen wir auch miteinander. Jeder von uns bekommt jetzt ein Blatt Papier. Ihr habt hier verschiedene Farben vor euch. Malt ein Bild, das eure Gefühle, vielleicht auch eine besondere Erinnerung an N. N. festhält.*
(Malphase)

Nach Abschluss der Malphase wird jedes einzelne Bild der Reihe nach in die Mitte gelegt und angeschaut; wer möchte, kann etwas dazu sagen, es können Fragen gestellt werden.

Eine Person spricht ein Gebet:
*Treuer Gott,*
*Wir sind sehr traurig, dass N. N. tot ist.*
*Wir können ihren/seinen Tod nicht verstehen, und es tut weh von ihr/ihm getrennt zu sein und zurückzubleiben.*
*Wir können nicht mehr gemeinsam lachen, uns umarmen und das Leben teilen. Das ist grausam.*
*Wir können nicht verstehen, dass der Tod uns von nun an trennt und vermissen N. N. sehr.*
*Steh' uns bei in unserer Traurigkeit, treuer Gott,*
*und bleibe bei uns.*
*Amen.*

## Vom Umgang mit der Trauer

*Erinnerungskerze*
**Vorbereitung:** Eine helle, dickere Kerze, bunte Wachsblättchen oder Farben zum Bemalen von Kerzen. Alle sitzen um den Tisch, in der Mitte ein Bild der verstorbenen Person. Ein Bogen Papier liegt in der Mitte des Tisches, Stifte.

*Wenn wir uns an N. N. erinnern, dann fallen uns bestimmte Erlebnisse ein, Charaktereigenschaften, Dinge, die sie/er gerne tat, besonders liebte oder gegessen hat; Dinge, die typisch für N. N. waren. Jeder von uns erinnert sich bestimmt an solche Momente, Eigenschaften und Besonderheiten von N. N.*

Eine Person hält die benannten Eigenschaften und Erinnerungen fest. Anschließend werden für die Stichworte Symbole gefunden, die aus den Wachsblättchen geformt bzw. mit Farbe auf die Kerze gemalt werden können. Gemeinsam wird besprochen, wie die Kerze mit den Symbolen verziert werden und was sonst noch auf der Kerze Platz finden soll, z. B. der Name des/der Verstorbenen. Während des Verzierens kann jeder noch einmal erzählen, mit welchem Erlebnis ein bestimmtes Symbol zusammenhängt; Erinnerungen können ausgetauscht werden.

*Die Kerze soll an die verstorbene Person erinnern und kann immer dann angezündet werden, wenn wir sie vermissen oder an sie denken.*

### Ende und Neubeginn
Dass der Tod zum Leben gehört und auf Dunkelheit Helligkeit folgt, auf Zeiten des Rückzuges und des

Kräftesammelns neues Leben, kann Kindern anhand folgender Aktion verdeutlicht werden:

**Vorbereitung:** Blumenzwiebeln, Gießkanne, kleine Schaufel.
Es ist möglich, dass sich alle gemeinsam um das Grab der verstorbenen Person versammeln. Man kann aber auch einen Blumenkasten mit Erde oder ein Blumenbeet verwenden. Jeder erhält eine Blumenzwiebel.

Ein Erwachsener fragt:
*Was passiert mit der Blumenzwiebel, wenn wir sie nachher in die Erde stecken und regelmäßig gießen?*

*Jedes Jahr wächst und blüht die Pflanze, im Winter aber ruht sie als Zwiebel in der Erde, um neue Kräfte für das Wachstum im Frühjahr zu sammeln.*
*Die Blumenzwiebel, die in der Erde ruht und dann eine blühende Pflanze wird, ist ein Beispiel dafür, dass nach einer dunklen Zeit wieder etwas Neues entstehen kann. Das heißt: Aus unserer Trauer und Verzweiflung über den Tod eines Menschen können wir neuen Lebensmut finden. Und genauso ist der Tod nicht das Ende, sondern es entsteht ein neues, anderes Leben.*
*Jeder von uns kann jetzt gleich seine Zwiebel pflanzen: Er oder sie gräbt ein Loch, steckt die Blumenzwiebel hinein, bedeckt sie mit Erde und gibt ihr Wasser. Dabei schweigen wir und denken an N. N. Vielleicht können wir in der Stille einen Hoffnungsgedanken für sie/ihn finden.*
Der Ort, an dem die Zwiebeln gepflanzt werden, sollte in regelmäßigen Abständen mit den Kindern auf-

gesucht werden – nicht nur zum Gießen, sondern auch zum Beobachten des Wachstums der Pflanze.

### Schlussimpuls für Eltern
**Wie geht es mir?**
Für Trauernde sind genau diejenigen gute Begleiterinnen und Begleiter, die selbst schon Wunden erfahren haben. Wer bisher unversehrt durchs Leben gekommen ist (falls es so einen Menschen gibt), sollte eher einen Rückschritt machen und im Respekt vor dem Schicksal der Betroffenen nur sehr vorsichtig seine Hilfe anbieten. Wenn Sie bereit sind, sich der Aufgabe der Trauerbegleitung zu stellen: An erster Stelle steht die Auseinandersetzung mit Ihren eigenen Gefühlen.

**Vorbereitung:** *Evtl. Fotoalben oder andere persönliche Erinnerungsstücke.*
Nehmen Sie sich viel Zeit und suchen Sie einen Ort auf, an dem Sie nicht gestört werden. Denken Sie zurück an Zeiten der Trauer und des Verlustes in Ihrem Leben und besinnen Sie sich auf Ihre eigenen Gefühle und Verhaltensweisen. Fotos oder andere persönliche Erinnerungsstücke können Sie dabei unterstützen.
Falls Ihnen die Reise in die Vergangenheit schwer fällt, helfen Ihnen die nachstehenden Fragen. Versuchen Sie nicht, alle Fragen auf einmal zu beantworten, sondern greifen Sie sich diejenigen heraus, die Ihnen zunächst leicht fallen.
Sorgen Sie dafür, dass Sie jemanden zum Reden haben, wenn Sie merken, dass es Ihnen schwer fällt, mit den Gedanken allein zu sein.

Meine Erfahrung mit dem Sterben:
*Wo habe ich selbst zum ersten Mal Sterben erlebt – bei wem? Wie alt war ich damals?*
Gefühle:
*Was hat mich besonders erschreckt?*
*Was habe ich als positiv und tröstlich empfunden (z. B. Zuwendung, Trost, in Ruhe gelassen werden etc.)?*
Ausdruck:
*Wie habe ich unmittelbar reagiert (z. B. mit Depression, Aggression, Schweigen)? – Wie habe ich mich später verhalten (viel darüber geredet, mich nicht mehr daran erinnert, Konfrontation damit vermieden/gesucht)?*
*Sind das Verhaltensmuster, die ich auch heute noch bei Verlusterfahrungen zeige, oder reagiere ich heute anders?*
*Gab es ein Ende meiner Trauer, und woran habe ich das festgemacht?*
Hilfe:
*Wer oder was hat mir wie geholfen (z. B. meine Freundin durch Ablenken, meine Lehrerin, weil sie normal weiter gemacht hat, mein Vater, weil er meine Wut ausgehalten hat etc.)?*
Reaktionen auf andere:
*Kann ich diese (meine) Muster (z. B. Wut, Schweigen) auch bei anderen erkennen und akzeptieren oder lehne ich sie bei anderen eher ab?*
*Kann ich Verhalten, das ich selbst nie gezeigt habe (z. B. Aggression, ständiges Weinen oder so tun, als ob nichts geschehen wäre), bei anderen als Ausdruck von Trauer verstehen und damit umgehen, oder fällt mir das schwer?*

Vorstellungen:
*Was glaube ich, was nach dem Tod passiert?*
*Gibt es für mich einen Glauben, der mein Leben und mein Sterben in einen sinnvollen Zusammenhang bringt und über meinen Tod hinausgeht, und wie würde ich diesen beschreiben?*

Unter Umständen leiten Sie durch die Auseinandersetzung mit diesen Fragen eine Zeit ein, in der Sie sich Ihren schon «abgearbeitet» geglaubten Trauergefühlen und Verlustängsten sowie der eigenen Sterblichkeit erneut stellen müssen. Das ist normal und fast unvermeidlich. Besinnen Sie sich auf das, was Ihnen der Verstorbene bedeutet hat, welche Spuren er in Ihrem Leben hinterlassen hat, was Sie von ihm gelernt haben. Führen Sie sich aber auch Ihr Glück und Ihre Dankbarkeit vor Augen; machen Sie sich klar, dass Sie gerade durch die eigenen Erfahrungen für Kinder in einer solchen Ausnahmesituation zum Vorbild werden können, die Situation zu bewältigen und eines Tages wieder glücklich zu werden, ohne den Toten dabei zu vergessen.

Aus: Petra Hinderer / Martina Kroth
Kinder bei Tod und Trauer begleiten,
ISBN 978-3-936286-72-4, 1. Auflage,
Jahrgang 2005, Ökotopia Verlag, Münster.

# 6. Von der Beerdigung und von Ritualen

*Ralf Gaus*

# Warum tragen die Menschen bei der Beerdigung schwarze Kleidung? Warum wirft man Erde auf den Sarg und die schönen Blumen? Soll ich für die Toten beten? Sie sind doch schon tot!

### Das wissen wir dazu

Mit Sterben, Tod und Begräbnis sind viele öffentliche Rituale verbunden. Wenngleich einige solcher Traditionen nur noch vereinzelt wahrgenommen werden (können), so haben sie doch einen Platz im Bewusstsein der Menschen.

Trauernde verleihen ihrer Situation durch schwarze Kleidung Ausdruck; man bahrt den bzw. die Verstorbene zuhause auf, und Nachbarn kommen, um Abschied zu nehmen; nach der Beerdigung kommen Familie und Gäste zum Essen zusammen.

Rituale geben Halt und Orientierung in Momenten mit hoher emotionaler Verunsicherung; insbesondere in der Zeit unmittelbar nach dem Tod helfen sie etwa, den Tagesablauf zu strukturieren. Der Tod eines Menschen bringt den ganzen Alltag durcheinander. Es tut dann gut und ist entlastend, zu wissen, was zu tun ist. Wenn uns Menschen aus unserer Umgebung in diesen Traditionen begleiten, fühlen wir uns von der Gemeinschaft aufgehoben und getragen.

## Von der Beerdigung und von Ritualen

Kirchliche oder allgemein religiöse Rituale drücken die Geborgenheit in der Gottesbeziehung aus. Die christlichen Riten und Bräuche im Kontext von Sterben und Tod sind geprägt vom Glauben und von der Hoffnung, dass der Tod nicht das Ende, sondern unser Weg zur Auferstehung ist. In der historischen Betrachtung zeigt sich, dass viele Rituale auch in anderen Religionen vorzufinden waren oder sind. Entscheidend für das Christliche ist ihre Deutung von der Auferweckung her. Daher ist bei einem Ritual nicht allein das äußere Zeichen, etwa das Anzünden einer Kerze, wichtig, sondern vor allem die Bedeutung für die Person, welche das Ritual vollzieht.

Wenn Menschen trauern oder zu einer Beerdigung gehen, tragen sie meist schwarze oder dunkle Kleidung. Damit wollen sie vor dem Toten ihren Respekt ausdrücken. Gleichzeitig teilt man den Mitmenschen die Trauer um jemanden mit – andere Menschen, die auf Trauernde treffen, können so auf deren Gefühle Rücksicht nehmen.

Das Leid bei einem Todesfall ist nicht nach kurzer Zeit vorüber, und es dauert, bis sich wieder Normalität einstellt. Vielfach treten Kummer und Schmerz über den Verlust erst nach Monaten zutage. Dann ist es gut, wenn das Umfeld durch Trauerkleidung daran erinnert wird, dass diese Person jemanden verloren hat und trauert. Daher haben früher Personen, die nahe Angehörige wie etwa den Ehepartner verloren haben, ein Jahr lang schwarze Kleidung getragen.

Ein wichtiger Ort für die Trauer ist der Friedhof. Er bietet die Möglichkeit, die verstorbene Person am Grab zu «besuchen», mit ihr in Kontakt zu bleiben

## Von der Beerdigung und von Ritualen

und sich an sie zu erinnern. Die Namen auf den Grabsteinen zeigen, dass unsere Verstorbenen nicht aufhören zu existieren, nur weil sie tot sind. Viele Menschen haben das Gefühl, dass sie mit der bzw. dem Verstorbenen noch nicht alles geklärt haben; vielleicht hatte man einen Streit und möchte noch sagen, dass es einem leid tut oder dass man sich schuldig fühlt. Dass man die tote Person sehr gern hatte. Ein konkreter Ort, an dem man sich der verstorbenen Person nahe fühlt, ist dann sehr wichtig.

Wenn der Sarg in die Erde gelassen wird, ist dies ein deutliches Zeichen dafür, dass der Tod endgültig ist und wir uns hier von dem Toten verabschieden müssen; zugleich bringen die Handlungen und Gebete der Bestattungsliturgie aber auch unsere Hoffnung auf Auferstehung zum Ausdruck. So wirft der Pfarrer Erde auf den Sarg und spricht dabei: «Von der Erde bist du genommen, und zur Erde kehrst du zurück. Der Herr aber wird dich auferwecken.» Danach macht er ein Kreuzzeichen oder steckt ein Kreuz in die Erde und spricht: «Im Kreuz unseres Herrn Jesus Christus ist Auferstehung und Heil. Der Friede sei mit dir.»

Aus diesem Grund sprechen wir auch – nach alter Tradition – Gebete für die Toten. So bleiben wir über den Tod hinaus mit ihnen verbunden; wir werden nicht getrennt, sondern gehören weiterhin zusammen. Das Gebet für den Toten ist daher als Fürbitte zu begreifen. Wir bitten Gott, dass er die Verstorbenen zu sich nehmen und ihnen das ewige Leben schenken möge.

Auf den Gräbern finden wir heute fast immer Lichter. Im Mittelalter verstand man diese als Mahnung, für die Toten ein Gebet zu sprechen. Schon die Römer stellten an den Gräbern ihrer Verstorbenen Kerzen auf, allerdings vor einem heidnischen Hintergrund: Sie sollten die lichtscheuen bösen Geister abschrecken. Diese heidnische Deutung lehnten Christen zunächst ab, integrierten die Tradition der Lichter an den Gräbern später aber doch in ihren Glauben: Die Kerzen sollen erinnern an Christus als Licht der Welt («Ich bin das Licht der Welt.» Johannes 8,12) sowie daran, dass wir Christen selbst für die anderen Menschen Licht und Helligkeit sein sollen («Ihr seid das Licht der Welt.» Matthäus 5,14; Epheser 5,14).

Neben Kerzen stellen viele Gläubige Blumen auf das Grab. Auch diese Tradition gab es schon vor den Christen. Blumen, Blätter oder Bäume waren in der Antike ein Zeichen der Liebe, Achtung und Verehrung für den Verstorbenen. So legten etwa die Ägypter den Toten Blumen und Sträucher mit ins Grab, damit diese sich an dem Geruch erfreuen konnten. Darüber hinaus hatten Pflanzen und Blumen immer auch eine symbolische Bedeutung, die heute jedoch meist verschwunden ist. Sie waren seit je her Zeichen für den ewigen Kreislauf von Werden und Vergehen und im Mittelalter ein Zeichen für das kommende Reich Gottes. Der auf Friedhöfen häufig anzutreffende immergrüne Buchsbaum steht für die Hoffnung auf die Auferweckung und das ewige Leben.

### Das hat mit uns zu tun

Daran, wie wir mit unseren Toten umgehen und sie bestatten, können wir erkennen, wie wir über den Tod und die Verstorbenen denken. Das Begräbnis als öffentliches Ritual ist dabei ein Zeichen der Würdigung des Verstorbenen. Angehörige, Freunde und Bekannte erweisen ihm die «letzte Ehre». Es ist ein «letztes Fest» mit dem und für den Verstorbenen.

Ebenso drückt sich darin auch unser Respekt gegenüber den Angehörigen aus. Mit dem Besuch der Trauerfeier oder einem Kondolenzbesuch zeigen wir unsere Verbundenheit mit ihnen. Auch in dieser schweren Zeit lassen wir sie nicht alleine. Sie merken, dass wir für sie da sind und dass das Leben weitergeht.

Rituale und Bräuche um den Tod helfen, bewusst Abschied zu nehmen und mit der Trauer zu leben. In ihnen haben unsere Gefühle einen Platz. Die Teilnahme an diesen Ritualen, wie etwa der Beerdigung oder einem Jahrestag, auch wenn wir von dem Tod der Person nicht unmittelbar betroffen sind, macht uns mit solchen Situationen vertraut und lässt uns Vergänglichkeit und Tod als etwas Natürliches erleben. Gleichzeitig verdeutlichen die anwesenden Gäste, dass wir mit unserer Trauer nicht alleine sind: Die Erfahrungen von Sterben und Tod werden von allen Menschen geteilt.

Riten entfalten ihren Wert in der gelebten Wiederholung. In dem Moment, in dem wir mit einem Todesfall konfrontiert werden, geben sie uns Sicherheit und Halt, verleihen Orientierung in unseren Gefühlen der Angst, Unsicherheit, Hilflosigkeit oder Wut.

### Das sollen Kinder verstehen

Rituale helfen uns, schwierige Situationen zu meistern. Sie tun uns gut. Und sie verdeutlichen, dass wir nicht die Einzigen sind, die diese Situation und Erfahrung erleben: Im Angesicht von Sterben und Tod dürfen wir uns von einer Gemeinschaft getragen wissen. Bräuche und Riten sind nicht als strenge Formeln zu verstehen, sondern als Angebote der Orientierung und des Halts. Zeichen und Rituale bleiben so nicht äußerliches Beiwerk, sondern machen Grundüberzeugungen und Gefühle wahrnehmbar. Die christlichen Rituale bringen dabei die Hoffnung und den Glauben zum Ausdruck, dass der Tod nicht das Ende ist, sondern dass wir auferweckt werden.

### Das können wir miteinander tun
*Sterbende im Krankenhaus besuchen oder zu einem Begräbnis gehen*
Unter Eltern wird häufig diskutiert, ob das Kind mit zu einem Sterbenden ins Krankenhaus oder mit zu einem Begräbnis gehen soll. Eltern sollten diese Bereiche nicht vor Kindern tabuisieren und heimlich dorthin gehen («Ich muss noch etwas besorgen.»), sondern ihre Kinder vielmehr zum Mitgehen einladen, sie aber nicht dazu überreden oder zwingen. So können Kinder frühzeitig – in Begleitung von Eltern oder Angehörigen – Erfahrungen mit Tod und Trauer sammeln. Wenngleich der Umgang mit dem Tod wohl auch im Erwachsenenalter nie ganz selbstverständlich sein wird, so wird auf diese Weise bereits früh eine angstfreiere Haltung gegenüber der Endlichkeit des Lebens grundgelegt.
Nach einem Besuch im Krankenhaus bzw. bei einer Beerdigung sollten Kinder jemanden haben, den sie fragen oder dem sie ihre Eindrücke schildern können. Ferner sollte man sie im Vorfeld mit den Dingen ver-

traut machen, die ihnen begegnen werden. Hilfreich ist es etwa, wenn Kinder einiges über den Rahmen einer Beerdigung wissen (Ablauf, Kondolieren, schwarze Kleidung etc.) und auch auf die Gefühlsregungen der Anwesenden vorbereitet sind. Gleichzeitig können Eltern ihnen dann auch erklären, wie sie sich selbst angemessen verhalten können und sollen.

### *Einen Friedhof besuchen*
Wenn Kinder wollen, kann man mit ihnen einen Friedhof besuchen. So können sie die unterschiedlichen Gräber betrachten und eventuell etwas über verstorbene Personen und deren Glauben erfahren. Auf einem städtischen Friedhof wird man eventuell auch Gräber von Menschen finden, die andersgläubig sind oder gar keiner Glaubensrichtung angehören. Eventuell finden sich auf dem Friedhof auch Ruhestätten von ehemals wichtigen Personen, wie etwa Politikern, oder Grabmäler aus früheren Jahrhunderten, die sich von den anderen Gräbern unterscheiden. Was sehen wir? Wie sehen die Gräber aus? Wie unterscheiden sie sich voneinander? Was erzählt der Grabstein oder das Grab von der Person? Welche Hoffnung drückt sich dort aus?

### *Ein Erinnerungsalbum basteln*
*Es werden benötigt: ein Fotoalbum, Klebstoff, Klebeecken, verschiedene bunte Stifte und Schreiber, Fotos der verstorbenen Person, Erinnerungsstücke, selbstgestaltete Fotos, alle Gegenstände, die man mit der bzw. dem Verstorbenen in Verbindung bringt und die man gerne einkleben möchte.*

Eltern und Kinder gestalten gemeinsam ein Fotoalbum als Andenken an die verstorbene Person. Neben Fotos und anderen Dingen können die Seiten auch mit Zitaten oder Segensworten versehen werden. Während des Bastelns kann jeder und jede Geschichten von der verstorbenen Person erzählen. Damit werden nicht nur Bilder zusammengetragen, sondern auch Erinnerungen.

### *Kondolenztisch gestalten*
*Es werden benötigt: ein Tisch, evtl. eine Tischdecke, Buch mit leeren Seiten, Blumen, Tücher, Stifte in verschiedenen Farben, evtl. Kerzen, evtl. ein Bild von der verstorbenen Person.*
Wenn in der Schule oder im Kindergarten jemand stirbt, kann die Gruppe oder Klasse einen Kondolenztisch gestalten. Dazu sollte ganz bewusst ein Ort im Klassen- oder Gruppenraum gewählt werden, an dem dieser Tisch auch eine Weile stehen kann. Dort wird ein Buch ausgelegt, in das alle aus der Schule oder dem Kindergarten etwas schreiben oder malen können. So haben sie die Möglichkeit, ihre eigenen Gedanken – auch anonym – festzuhalten.

### *Erinnerungsfeier gestalten*
Zum Todestag kann mit Kindern eine Erinnerungsfeier gestaltet werden. Vielleicht kann hierzu ein Pfarrer oder ein pastoraler Mitarbeiter gewonnen werden. Kinder und Erwachsene können Blumen, selbst gestaltete Bilder oder auch Zettel mit eigenen Gedanken und Wünschen auf das Grab legen. Es können Gebete gesprochen und Lieder gesungen

werden, die die Kinder vorbereitet haben. Nach der Feier sollte genügend Raum sein, um Gespräche über die verstorbene Person oder den Tod zu ermöglichen.

## Schlussimpuls für Eltern

Beim Aufgang der Sonne
und bei ihrem Untergang
erinnern wir uns an sie.

Beim Wehen des Windes
und in der Kälte des Winters
erinnern wir uns an sie.

Beim Öffnen der Knospen
und in der Wärme des Sommers
erinnern wir uns an sie.

Beim Rauschen der Blätter
und in der Schönheit des Herbstes
erinnern wir uns an sie.

Zu Beginn des Jahres
und wenn das Jahr zu Ende geht
erinnern wir uns an sie.

Wenn wir müde sind
und Kraft brauchen
erinnern wir uns an sie.

Wenn wir Freude erleben,
die wir so gerne teilen würden,
erinnern wir uns an sie.

Solang wir leben, werden auch sie leben,
denn sie sind nun ein Teil von uns,
wenn wir uns an sie erinnern.

Jüdisches Gebet

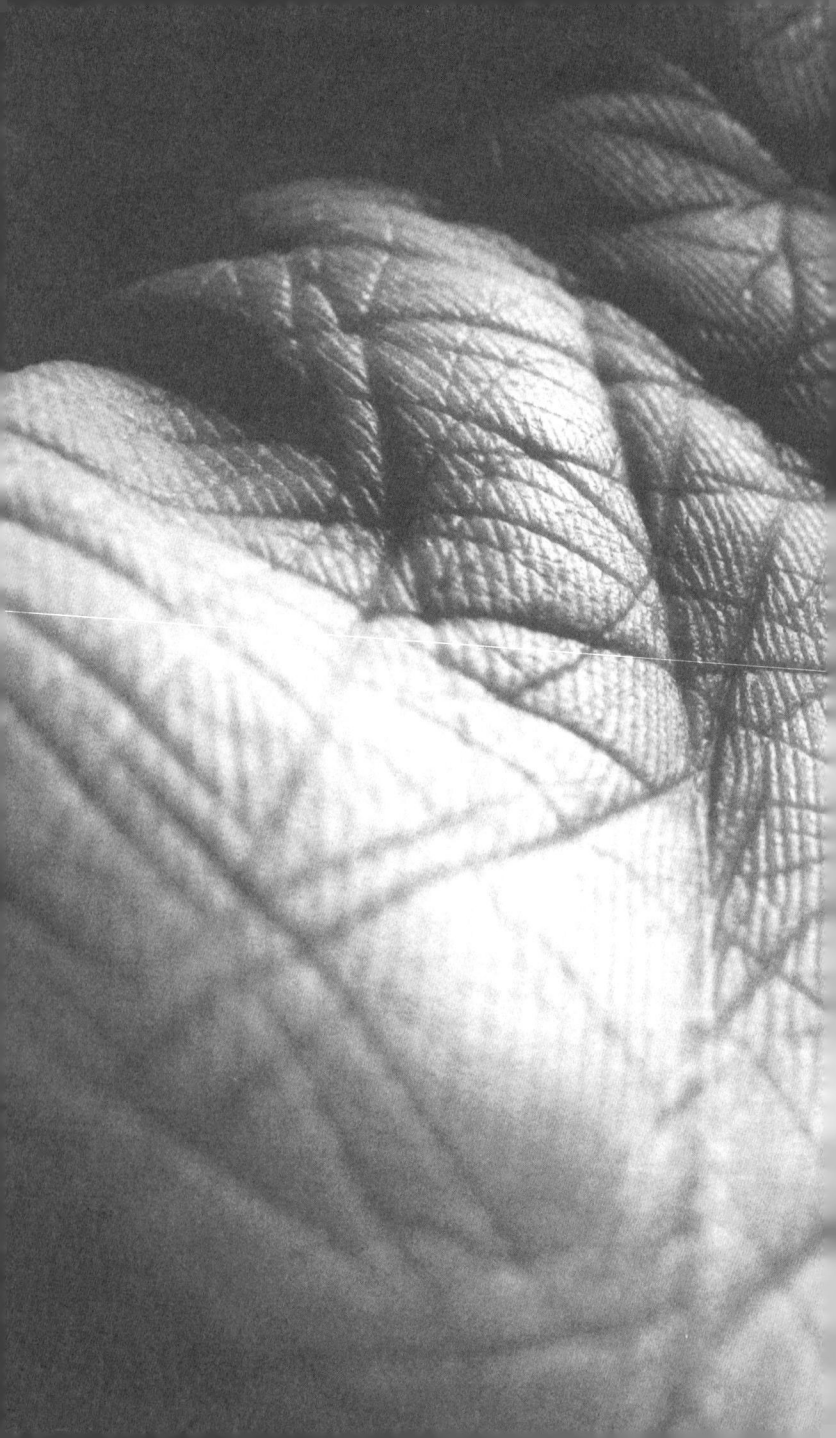

# 7. Vom Salben der Kranken und Sterbenden

*Albert Biesinger*

Vom Salben der Kranken und Sterbenden

**Warum salbt man Kranke und Sterbende mit heiligem Öl? Was kommt dabei zum Ausdruck? Woher kommt das heilige Öl und wie sieht es aus? Können Kranke und Sterbende auch mehrmals gesalbt werden? Dürfen Kinder bei der Krankensalbung dabei sein? Was passiert bei der Krankensalbung?**

### Das wissen wir dazu

Salbung ist ein Akt der Würdigung und Wertschätzung des Menschen. Das Alte Testament erzählt davon, dass Könige, Priester und Propheten mit heiligem Öl gesalbt wurden und ihnen damit eine besondere Würde verliehen wurde. Das heilige Öl wird «Chrisam» genannt und aus Olivenöl mit Balsam hergestellt. Geweiht wird es am Montag der Karwoche in einer eigenen Messe. Das Wort «Chrisam» ist verwandt mit «Christus»: Er ist «der Gesalbte Gottes».

Wenn bei der Taufe das Kind mit Chrisam gesalbt wird, so kommt auch dort diese Bedeutung zum Tragen: Ich salbe dich mit heiligem Öl als Zeichen dafür, dass du ein Königskind bist in der Königsherrschaft Jesu Christi.

Bei der Salbung von Kranken und Sterbenden wird dies am Ende des Lebens erneut gefeiert, aber mit einem zusätzlichen Sinn: Gott lässt dich auch in der Stunde der Not und der Krankheit nicht alleine. Er bleibt uns nahe, gerade wenn es dunkel wird und wir verzweifelt sind. Die Salbung mit Chrisam zeigt: Der Gesalbte, Jesus Christus, ist bei dir und begleitet dich durch deine Not und auf deiner schwierig gewordenen Wegstrecke. Taufe und Krankensalbung verstehen wir damit als Sakramente: Sie sind Handlungen, die eine unsichtbare Wirklichkeit zeichenhaft erfahrbar machen.

Gerade angesichts der Diskussionen über den Wert und «Unwert» kranker und alter Menschen ist die Krankensalbung ein kritisches und geradezu revolutionäres Ritual. Der Mensch ist nicht einfach ein Kostenfaktor, dessen man sich möglichst rasch entledigt. Vielmehr wird Kranken und Sterbenden im Sakrament der Krankensalbung zugesagt: Du hast eine unantastbare Würde, die dir niemand nehmen kann, auch kein gesellschaftlicher oder finanzieller Druck.

Krankensalbung ist Beistand, Tröstung, Ermutigung, Stärkung. Man kann sie auch mehrmals empfangen. Zwar wird sie nicht mehr wie früher als «Letzte Ölung» verstanden («Oh je, jetzt kommt schon der Pfarrer ...»), das Sterbebett und die Situation im Krankenhaus vor einer schwierigen Operation sind aber dennoch Orte, an denen das Sakrament für die Empfangenden wie auch für die Angehörigen von besonderer Bedeutung ist. Ferner wird die Krankensalbung heute in vielen Gemeinden bzw. Altersheimen regelmäßig auch in der Kirche mit mehreren Kranken und ihren Angehörigen gefeiert, sodass die Menschen selber entscheiden können, wann für sie der richtige Zeitpunkt ist.

Kinder sollen bei der Feier der Krankensalbung mit dabei sein und mitfeiern. Sie erfahren damit etwas vom Geheimnis des Lebens, des Sterbens und der Hoffnung auf Auferweckung und können so dem Kranken bzw. Sterbenden auch im Gebet und in der Feier nahe bleiben.

### Das sollen Kinder verstehen
**Abschied nehmen**
Es gibt Situationen, in denen es an der Zeit ist, einen schwerkranken Menschen gehen zu lassen und sich nicht festzuklammern und ihm den Abschied zu erschweren. Der Abschied ist unumgänglich, und er fordert seinen rechten Moment.

Sowohl für den Begleitenden als auch für den Sterbenden ist es eine Situation, die man nicht üben kann. Spontan zu reagieren und den ersten Schritt zu machen ist in der Regel richtiger, als hinterher nach dem Tod sich selbst den Vorwurf zu machen: «Eigentlich hätte ich deutlicher reden sollen, mich noch einmal bedanken können für das, was mir dieser Mensch Gutes getan, wie er oder sie mein Leben positiv begleitet hat und mir ‹Engel am Wege› war.»

Jedes Sterben ist anders. Der Salzburger Sterbebegleiter Peter Czizsek berichtet, dass man auch nach einer Hospizausbildung immer noch auf sich selbst angewiesen ist und seiner Intuition vertrauen muss, wie in der konkreten Situation richtig zu handeln ist. Der eigentliche Lernprozess ist die Sterbebegleitung selbst, bei der man Schritt für Schritt eigene Ängste verliert, mehr Sicherheit gewinnt und damit auch langsam kompetenter reagieren kann.

Allein schon dabei zu sitzen, die Hand zu halten und über das zu sprechen, was gerade ansteht, ist schon eine wichtige Form des Beistandes. Darauf zu vertrauen, dass wir in solchen Lebenssituationen Gott mitten unter uns haben, kann spirituell eine große Hilfe für beide Seiten sein. Gott entfernt sich nicht, wenn es dunkel wird. In seinem Sohn Jesus Christus ist er durch die Dunkelheit des Todes hindurchgegangen, er hat den Tod selbst durchlitten.

Es hilft, am Sterbebett offen und intensiv über das gemeinsame Leben zu sprechen, mit Dank zu erinnern an die schönen Situationen: «Weißt du noch, als du mich damals abgeholt hast, als es mir nicht gut ging? ... Erinnerst du dich noch an unser Fest, als du diese gute Rede gehalten hast?» Damit wird das gemeinsame Leben gewürdigt, es steigen Bilder auf, die uns bewegt haben, für die wir dankbar sind.

Aber auch Situationen des Streites sollen zur Sprache kommen: «Du weißt ja, dass ich mich damals sehr über dich aufgeregt und dich beschimpft habe. Heute tut mir das sehr leid ...»

Entscheidend ist es, mit schwerkranken Menschen nicht erst darüber zu sprechen, wenn sie kaum mehr dazu in der Lage sind, sondern bereits früher. Für Sterbende ist es heilsam, wenn sie das, was sie belastet und was sie bisher nicht besprechen und lösen konnten, wenigstens in dieser Phase ihres Lebens loslassen können. Loslassen hat mit Lösung zu tun.

Das Wort Er-Lösung hat seinen tieferen Zusammenhang darin, dass beide Seiten loslassen können und es von der Seite Gottes eine Lösung auch für die Schuld des Menschen gibt, dass Gott selbst den Menschen davon löst. Viele schieben etwas Belastendes vor sich her, anstatt es zu bearbeiten und möglicherweise aufzulösen.

Es ist für Kinder von Bedeutung, dass sie der Oma und dem Opa noch sagen können: «Ich habe dich sehr lieb. Manchmal habe ich dich geärgert, aber du weißt ja, dass ich dich sehr lieb habe.» Vor allem wenn Geschwister sterben, ist es für Kinder wichtig, sich zu versöhnen. Es ist normal, dass Geschwister sich streiten. Dennoch leiden Kinder, die Bruder oder Schwester verloren haben, oft unter Schuldgefühlen, dass das tote Geschwisterkind deswegen gestorben ist, weil sie zu ihm nicht «lieb» gewesen seien. Für Kinder ist die Erfahrung von Sterben und Tod nicht selten mit Schuldgefühlen verbunden. Ein Kind, dessen Mutter auf der Krebsstation im Sterben lag, äußerte: «Ich werde jetzt immer ganz lieb sein, damit meine Mama nicht sterben muss ...» Mit einem solchen Kind darüber zu sprechen, dass die schwere Krankheit der Mama nichts mit seinem Handeln zu tun hat, ist sehr erlösend und heilsam. Und ebenso gilt es auch, sich mit der eigenen Hilflosigkeit zu versöhnen.

### Das können wir miteinander tun
*Lieblingslied*
Abschied nehmen zu können ist eine besondere Herausforderung, aber auch eine Gabe. In der Familie – aber auch im Krankenhaus – versammeln sich z. B. alle um den Sterbenden herum und singen ihm sein

Lieblingslied. Der sterbende Mensch ist schon zwischen Leben und Tod, aber er reagiert noch. Und für die Angehörigen – die Kinder sind selbstverständlich dabei – ist dies ein Weg, der die Angst nimmt; ein Akt der Verbundenheit und des Dankes.

### *Wie die Krankensalbung gefeiert wird*

Im Zimmer des Kranken werden nach Möglichkeit ein Tisch mit Kreuz, Kerzen, Blumen und Weihwasser hergerichtet. Angehörige und Freunde, vielleicht auch Nachbarn des Kranken, können an dieser Feier teilnehmen.

Priester: *Der Friede des Herrn sei mit diesem Haus und mit allen, die darin wohnen.*
Er nimmt Weihwasser, bekreuzigt sich damit, und besprengt damit die Anwesenden und das Zimmer.
Priester: *Aus dem Wasser und dem Heiligen Geist hat Gott uns neues Leben geschenkt. Wir sind getauft im Namen des Vaters und des Sohnes und des Heiligen Geistes.*

Der Priester spricht ein Eröffnungsgebet oder eine Einführung. Nun kann die Beichte abgelegt werden. Dabei ist der Priester mit dem Kranken allein. Wenn keine Beichte erfolgt, sprechen alle gemeinsam das Allgemeine Schuldbekenntnis.

Priester: *Brüder und Schwestern, damit wir die Feier der Krankensalbung in der rechten Gesinnung begehen, prüfen wir uns selbst und bekennen unsere Schuld.*

Alle: *Ich bekenne Gott, dem Allmächtigen, und allen Brüdern und Schwestern, dass ich Gutes unterlassen und Böses getan habe – ich habe gesündigt in Gedanken, Worten und Werken – durch meine Schuld, durch meine Schuld, durch meine große Schuld. Darum bitte ich die selige Jungfrau Maria, alle Engel und Heiligen und euch, Brüder und Schwestern, für mich zu beten bei Gott, unserem Herrn.*
Priester: *Der allmächtige Gott erbarme sich unser. Er lasse uns die Sünden nach und führe uns zum ewigen Leben.*
Alle: *Amen.*

Danach wird von einem Anwesenden oder vom Priester selbst ein Abschnitt aus der Heiligen Schrift vorgelesen, zum Beispiel:
*Lesung aus dem heiligen Evangelium nach Matthäus (8, 5–10.13):*
*Als Jesus nach Kafarnaum kam, trat ein Hauptmann an ihn heran und bat ihn: Herr, mein Diener liegt gelähmt zu Hause und hat große Schmerzen. Jesus sagte zu ihm: Ich will kommen und ihn gesund machen. Da antwortete der Hauptmann: Herr, ich bin nicht wert, dass du mein Haus betrittst; sprich nur ein Wort, und mein Diener wird gesund. Auch ich muss Befehlen gehorchen und ich habe selber Soldaten unter mir; sage ich nun zu einem: Geh!, so geht er, und zu einem anderen: Komm!, so kommt er, und zu meinem Diener: Tu das!, so tut er es. Jesus war erstaunt, als er das hörte, und sagte zu denen, die ihm nachfolgten: Amen, das sage ich euch: Einen solchen Glauben habe ich in Israel noch bei niemand gefunden.*

## Vom Salben der Kranken und Sterbenden

*Und zum Hauptmann sagte Jesus: Geh! Es soll geschehen, wie du geglaubt hast. Und in derselben Stunde wurde der Diener gesund.*

In den folgenden Fürbitten wird der Kranke dem Herrn, dem Heiland der Menschen, anempfohlen:
Priester: *Aus der Kraft unseres gemeinsamen Glaubens wenden wir uns in vertrauensvollem Gebet an den Herrn und bitten ihn inständig für unseren Bruder (unsere Schwester) N.: Erbarme dich, Herr, und stärke deinen Diener (deine Dienerin) mit der heiligen Salbung.*
Alle: *Wir bitten dich, erhöre uns.*
Priester: *Mache ihn (sie) frei von allem Übel und allem Bösen.*
Alle: *Wir bitten dich, erhöre uns.*
Priester: *Mache es den Kranken in diesem Haus leichter, ihre Leiden anzunehmen.*
Alle: *Wir bitten dich, erhöre uns.*
Priester: *Stehe all denen bei, die sich in dienender Sorge der Kranken annehmen.*
Alle: *Wir bitten dich, erhöre uns.*
Priester: *Bewahre diesen Kranken (diese Kranke) vor aller Sünde und Anfechtung.*
Alle: *Wir bitten dich, erhöre uns.*
Priester: *Schenke ihm (ihr), dem (der) wir jetzt in deinem Namen die Hände auflegen, Leben und Heil.*
Alle: *Wir bitten dich, erhöre uns.*

Nun legt der Priester schweigend dem Kranken eine Zeitlang die Hände auf. Steht vom Bischof geweihtes Krankenöl zur Verfügung, spricht der Priester den Lobpreis und die Anrufung über dem Öl.

## Vom Salben der Kranken und Sterbenden

Priester: *Sei gepriesen, Gott, allmächtiger Vater: Für uns und zu unserem Heil hast du deinen Sohn in diese Welt gesandt. Wir loben dich.*
Alle: *Wir preisen dich.*
Priester: *Sei gepriesen, Gott, eingeborener Sohn: Du bist in die Niedrigkeit unseres Menschenlebens gekommen, um unsere Krankheiten zu heilen. Wir loben dich.*
Alle: *Wir preisen dich.*
Priester: *Sei gepriesen, Gott, Heiliger Geist, du unser Beistand: Du gibst uns Kraft und stärkst uns in den Gebrechlichkeiten unseres Leibes. Wir loben dich.*
Alle: *Wir preisen dich.*
Priester: *Herr, schenke deinem Diener (deiner Dienerin), der (die) mit diesem heiligen Öl in der Kraft des Glaubens gesalbt wird, Linderung seiner (ihrer) Schmerzen und stärke ihn (sie) in seiner (ihrer) Schwäche. Durch Christus, unseren Herrn.*
Alle: *Amen.*

Steht kein vom Bischof geweihtes Krankenöl zur Verfügung, segnet der Priester das Öl und salbt den Kranken auf der Stirn und auf den Händen. Er spricht bei der Salbung auf der Stirn:
*Durch diese heilige Salbung helfe dir der Herr in seinem reichen Erbarmen, er stehe dir bei mit der Kraft des Heiligen Geistes.*
Alle: *Amen.*
Bei der Salbung auf den Händen spricht er:
*Der Herr, der dich von Sünden befreit, rette dich, in seiner Gnade richte er dich auf.*
Alle: *Amen.*

## Vom Salben der Kranken und Sterbenden

Dann spricht der Priester ein Gebet über den Kranken und leitet über zum gemeinsamen Vaterunser:
*Vater unser im Himmel, geheiligt werde dein Name. Dein Reich komme. Dein Wille geschehe, wie im Himmel so auf Erden. Unser tägliches Brot gib uns heute. Und vergib uns unsere Schuld, wie auch wir vergeben unseren Schuldigern. Und führe uns nicht in Versuchung, sondern erlöse uns von dem Bösen.*
*Denn dein ist das Reich und die Kraft und die Herrlichkeit in Ewigkeit. Amen.*

Danach kann der Kranke, wenn er möchte, die Kommunion empfangen. Die Feier der Krankensalbung schließt mit dem Segen des Priesters:
Priester: *Es segne dich Gott, der Vater.*
Alle: *Amen.*
Priester: *Es heile dich Gott, der Sohn.*
Alle: *Amen.*
Priester: *Es stärke dich Gott, der Heilige Geist.*
Alle: *Amen.*
Priester: *Er behüte dich und richte dich wieder auf.*
Alle: *Amen.*
Priester: *Er erfülle dein Herz mit seinem Licht und führe dich zum himmlischen Leben.*
Alle: *Amen.*
Priester: *Es segne dich (und euch alle, die ihr hier versammelt seid) der allmächtige Gott, der Vater und der Sohn und der Heilige Geist.*
Alle: *Amen.*

### Schlussimpuls für Eltern
***Schließ auf das Land, das keine Grenzen kennt***
Ich steh vor dir mit leeren Händen, Herr;
fremd wie dein Name sind mir deine Wege.
Seit Menschen leben, rufen sie nach Gott;
mein Los ist Tod, hast du nicht andern Segen?
Bist du der Gott, der Zukunft mir verheißt?
Ich möchte glauben, komm mir doch entgegen.

Von Zweifeln ist mein Leben übermannt,
mein Unvermögen hält mich ganz gefangen.
Hast du mit Namen mich in deine Hand,
in dein Erbarmen fest mich eingeschrieben?
Nimmst du mich auf in dein gelobtes Land?
Werd ich dich noch mit neuen Augen sehen?

Sprich du das Wort, das tröstet und befreit
und das mich führt in deinen großen Frieden.
Schließ auf das Land, das keine Grenzen kennt,
und lass mich unter deinen Kindern leben.
Sei du mein täglich Brot, so wahr du lebst.
Du bist mein Atem, wenn ich zu dir bete.

Huub Oosterhuis
Du bist der Atem und die Glut.
Gesammelte Meditationen und Gebete
© Verlag Herder, Freiburg 1994.

**Buchtipps**

*Gertrud Ennulat:* Kinder trauern anders. Wie wir sie einfühlsam und richtig begleiten, 4. Auflage, Freiburg 2008.

*Margit Franz:* Tabuthema Trauerarbeit: Kinder begleiten bei Abschied, Verlust und Tod, 3. Auflage, München 2008.

*Thomas Gordon:* Familienkonferenz. Die Lösung von Konflikten zwischen Eltern und Kind, München 1989.

*Petra Hinderer / Martina Kroth:* Kinder bei Tod und Trauer begleiten, konkrete Hilfestellungen in Trauersituationen für Kindergarten, Grundschule und zu Hause, Münster 2005.

*Georg Schwikart (Hg.):* Schließ auf das Land, das keine Grenzen kennt. Gebete mit Sterbenden, Freiburg 2008.

*Daniela Tausch-Flammer / Lis Bickel:* Wenn Kinder nach dem Sterben fragen. Ein Begleitbuch für Kinder, Eltern und Erzieher, 10. Auflage, Freiburg 2008.

*Susan Varley:* Leb wohl, lieber Dachs, Wien 1984.

*Dirk Walbrecker / Martina Mair:* Ist Omi jetzt ein Engel?, München 2006.

Bilderbücher:

*Jutta Bauer:* Opas Engel, Hamburg 2003.

*Inger Hermann / Carme Sole-Vendrell:* Du wirst immer bei mir sein, 4. Auflage, Düsseldorf 2000.

*Marit Kaldhol:* Abschied von Rune, 10. Auflage, München 1995.